시를 품은 뜰

박선원 시집

문학공원 시선 256

시를 품은 뜰

박선원 시집

그림자 길게 내려오는 오월의 뜰은
손 마디마디 흙에 절여져도
숙제는 난감하게 남아있다

문학공원

시인의 말

정원지기의 삶이 시작되고
변화하는 모습을 담아 놓고 싶어서
카메라와 친하게 지냈다
사진만으로는 원하는 이야기를
모두 담아낼 수 없어서 글을 보태기 시작했다
제한된 장소의 이야기는 단출하고 단조롭지만
소멸 속에서 이별도 이겨내고
분양과 자리 나눔으로 겸손도 배우는
정원지기의 사계를 일기처럼 녹여 놓았다
칭찬과 격려로 일상의 에너지가 되어준
나의 온 가족에게 깊이 감사드린다

2024 아몽크 여름 뜨락에서

박 선 원

〈서문〉
삶의 진솔한 정서가 담긴 시

윤 영 미(시인 · 미동부한인문인협회 회장)

뉴욕 웨체스터에서 살면서 "시는 고단한 인생길에 만난 최고의 벗입니다."라고 고백하는 박선원 시인은 그동안 자신만의 시 세계를 구축해, 정제된 시를 통해 자신의 메시지를 정직하게 담아낸다. 섬세하면서도 날카로운 시선으로 엮어낸 시인의 개성 있는 색깔과 그윽한 향내를 맡으니 황홀하다.

마취과 의사 남편과 자녀와 함께 정원을 가꾸며 현모양처로 작가로 분양과 자리 나눔으로 겸손도 배우며 정원지기의 사계를 시로 엮는 박선원 시인은 온 가족에게 깊은 감사를 드린다고 고백하고 있다.

이 시집은 손기술의 훈련으로 쓰여진 시가 아니라, 삶이 육화된 매우 개성적이고 자유로운 사상의 표출이라 할 수 있다. 억지로 만든 시들이 판을 치는 세상에서 한 편 한 편의 시에는 생명감이 뛰어나고 완성도가 돋보이며, 주의 깊은 관찰력과 섬세한 진술은 전체적으로 안정감을 주어 수작이라 하지 않을 수 없다.

많은 독자들이 언어의 꽃이라 할 수 있는 박선원 시인의 시를 통해 아픈 사람은 치유되고, 외로운 사람의 동무가 되는 모두의 시집이었으면 좋겠다. 앞으로도 문학의 끼와 열정의 끈을 놓지 않고 시인으로 가야 할 길 사명을 다하시길 축원드린다.

박선원 시인은 현재 뉴욕에서 뉴욕중앙일보 문학동아리에서 김정기 시인으로부터 문학수업을 받고 있는데, 이처럼 훌륭한 시를 쓸 수 있도록 지도해주신 김정기 선생님께도 감사와 응원의 박수를 보내드린다.

두 번째 시집 『시를 품은 뜰』의 출간을 진심으로 축하드리며 세 번째 시집을 기대해 본다.

2024년 여름

차례

시인의 말 … 5
서문 / 윤영미(미동부한인문인협회 회장) … 6

제1부 봄 뜰

노란빛 기도 … 14
3월에 오는 바람 … 15
정겨운 산책길 … 16
가자미식해 … 19
동토가 기지개를 켜다 … 20
동해 그 바다의 맛 … 21
도시 속의 외딴섬 … 22
어머니의 보석상자 … 23
별 무늬 봄 바다 … 24
마른 가지에 새싹이 … 25
텃밭 이야기 … 26
아욱국 … 27

시린 바람 눈길로 오시는 님 … 28
매화 향 오는 길 … 30
여행일기 · 1 … 31
여행일기 · 2 … 32
여행일기 · 3 … 33
안개 속에 잠긴 호수 … 34
걷고 또 걸었다 … 35
걸으며 생각한다 … 36
봄 부추 마중길 … 38
산티아고 순례 여행 … 39
삼월은 … 43

제2부 화려한 뜰

보랏빛 꽃등 … 46
오월의 뜰 … 47
선을 이루는 아름다운 달 · 48
아름다운 사랑 노래 … 50
정갈한 새벽길 … 52
출판기념회 … 54
족두리 꽃 … 55
호수 위의 바다 갈매기 … 56
호수에 빠진 하늘 … 57

새로운 시작 … 58
어부의 아내 … 59
섬살이 … 60
불꽃의 길 … 61
미나리밭 이야기 … 62
나팔꽃 사랑 … 63
두메부추 … 64
전설 품은 꽃 … 66
은영아 … 67

차례

제3부 스산한 뜰

시련의 계절 … 70
시월의 풍경소리 … 71
그리운 어머니 … 72
빈 계절의 빛 … 73
길 위에 짝이 되어 … 74
나들이 … 76
꿈쟁이 … 77
가을 고추장 … 78
간절기 … 79
빈손으로 오라 … 80
친정 나들이 … 82

세월 … 84
서리태로 빚은 두부 … 85
사육 이칠 … 86
그때는 기다렸지 … 87
빈 넝쿨 … 88
새 밥 주는 남자 … 89
영원을 그리는 나무무늬 … 90
애절한 구절초 … 91
아나스타씨스 … 92
제주 섬 성지순례 … 94
정난주 마리아 … 98

제4부 빈 뜰

빈 뜰 … 102
빈 둥지 … 104
위령 성월 … 105
이 겨울이 좋아, 그런데 … 106
프란치스코 … 108
옛 친구들 … 110
겨울 날개 … 113
겨울 표정 … 114
언어 없는 겨울 산책 … 116
계절의 막을 내리며 … 117

합창으로 드리는 기도 … 118
하얀 감옥 … 119
순간에 피는 꽃 … 120
12월에 서서 … 121
짧은 외출 … 122
눈 쏟아지는 날 … 123
겨울 미나리 … 124
잊은 새 밥 주기 … 126
이름만 천사 … 127
텃밭지기의 사계 … 128

작품해설 김순진(문학평론가)… 134
- 순종하는 삶과 그리움의 시학

1부
봄 뜰

노란빛 기도

미사 보 쓰고 숙인 모습이 새벽안개 아랫단까지 내려와
요정이 올 것 같은 행렬이 노랑 물감 들인 헝겊이다
줌 인 아웃의 실루엣은 신비하도록 몽환적이다
계절이 주는 호사가 풍성한 잔칫상 차리려고
새벽장 가는 잰걸음으로 급한 마음 앞세운 긴 손
계곡물 먹은 실가지에 이슬도 살강살강 맺혔다

고향 소식 입에 물고
밤하늘 미리내 닮은 꽃잎 촘촘하게 십자수로 빛난다
필요한 것도 없으면서 땅심까지 끌어올리는
간절한 기도로 피었다

3월에 오는 바람

꼬이고 비틀고 기어이 잡아 휘어 내린
솔가지의 간절함에도 근질근질 꽃샘바람이 불고
잔설 덥혀 서늘한 계곡 꿈틀대는 땅속
그 밑의 믿음에는 속살속살 샛바람이 일고
꿈을 품은 씨앗들 설레는 희망은
꽃님이의 짝사랑에 연분홍 꽃바람으로 오고
생명 잃은 나뭇가지들 싹둑싹둑 정리해주는
봄맞이 단장은 새콤새콤 신바람 나고

살짝 열고 바글바글 내민 청매실 꽃무리들
마중물 봄내음에는 뭉클뭉클 고향 냄새가 분다

정겨운 산책길

 고국에서 씨앗을 가져와 심은 쑥부쟁이와 신선초를 한아름 잘랐다 깨끗하게 씻어 들여와 삶아서 봉지봉지 나눠 담아 필요할 때 쓰기로 했다 야생으로 자라는 들나물을 만난 것은 오래전 지인의 뜰에서 참나물을 몇 번 뜯어 먹은 후에 뿌리 한 줌 얻어다 심은 것이 온 뜰을 장악해서 머리 아팠던 기억이 있다

 그 후에는 뭐든지 멀리 후미진 곳에 심게 되었다 때가 되면 무성하게 키워내는 재미에 이것저것 심다 보니 종류도 많거니와 양도 많아져서 이제는 선별해서 가끔씩 먹고 있다 신선초는 아주 예전 어머니 따라서 들렸던 사찰음식으로 만나 그 향을 지금도 기억하고 있다

 두메부추는 초가을에 연보라 꽃을 탱글탱글 피워내는데 신장에 좋고 부종을 내리고 사포닌이 많아 몸에 좋다고 해서 가져다 심었는데 너무 멀리 심어놓아 손

이 잘 가지 않는다 가깝게 화초처럼 키우는 조선 부추를 사용한다

 흔한 취나물도 무리 지어 꽃을 피우면 그늘진 모퉁이를 하얗게 밝게 해주고 곤드레는 보라꽃 거미취는 노랑꽃 원추리는 주황색 꽃으로 야생은 스스로 번식하며 잘도 자란다

 내가 만난 들나물 중에 명이라는 나물은 씨앗을 아주 조금 얻어 이른 봄에 뿌렸는데 싹이 나지 않아 실망하던 차에 한 해 묵은 다음 해에 싹이 튼다는 말을 듣고 유심히 관찰하니 정말로 실처럼 가는 싹이 올라와 놀란 적이 있다

 늦가을 붉게 물드는 단풍이 좋아 앞집과의 경계에 화살나무를 심었는데 봄에 일찍 잎을 따면 홋잎나물이라는 소리에 실소하고 연못과 연못 사이 가시가 무성한

두릅나무을 심었더니 야생 나물 속에 둘려 살게 되었다. 올봄에도 눈 건강 시력 보호한다는 가시 없는 블랙베리와 항암 항염에 좋다는 레드베리를 한 그루씩 심었는데 두 가지 다 이른 봄에 첫 순을 나물로 먹을 수 있다는 것을 유튜브에서 배우고 조상님들까지 소환해서 감탄한 후에는 앞뜰과 뒤뜰이 정겨운 산책길이 되었다

가자미식해

봄 새벽안개 자욱한 길
비장함으로 거친 파도 가르고
땅끝까지 내려 팔랑거리는 나비춤 미끼에
등에 뱃가죽 붙이고도 가득가득 알을 품고
치열한 절망감으로 펄떡펄떡 올라온다

토막토막 간에 절여 새주둥이 노랑 조밥에
보리 싹 엿기름으로 뼛속까지 삭힌 후에
무채에 고추 물 입혀 시원하게 재웠다

붉은 석양빛에 반지르르 윤기 걸치고
바다를 품고 돌아온 놈들
그 고운 빛 가슴에 품어 흰 소반에 담으니
지새워 달인 보약 냄새 봄꽃처럼 피워낸다

동토가 기지개를 켜다

빙하가 모래를 품고 내려와서
회색빛이 된 실크 바다가 낯설고도 신비롭다
절제된 역사의 설명이 근접조차 거부하는 느낌인데
웅장함과 순수함의 공존은 청량감도 품었다

삶의 체험장 백야를 달리고
동토의 꽃 오로라 그 찬란한 빛
꿈꾸는 자들의 희망이 자연의 순리 속 돌아오는
산란기의 떼죽음으로

북극의 동토가 기지개를 켜는 동안
날 것 그대로의 자연을 담으면서
여름이 깨운 선물 축제에 초대되어
설산과 녹음의 파노라마에 가눌 수 없이 취해버렸다

동해 그 바다의 맛

철썩철썩 파도치며 놀았다
동해 그 바다가 좋았다
화려한 불빛으로 열 개의 다리마저 흥겹던 날
반짝 빛나던 순간을 삼키고 그 바다와 이별했다
날카로운 손놀림에 절창 내고
대나무 절벽으로 끼워져서
절망의 바람에 말려졌다

명찰 달고 넘겨져서
냉동고에 소외된 침묵을 아몽크 산장에서 풀었다
허물 벗겨 토막 치고 소금물에 하루를 재워서
치잣물 곱게 입혀 노랑색 꽃으로 튀겨냈다

맛있다 맛있다 도란도란
우리는 그날 동해바다를 먹었다

도시 속의 외딴섬

불규칙한 소음을 지우려고
높은 음향 속으로 스며들었다
매화 지고 벚꽃으로 흩날리는 자연 규칙 속에서
사람이 무섭다고 마스크로 도시 속에 외딴섬 되었다
밀어내고 피하는 것이 도와주고 살려내는 길
다시는 잡을 수 없고 반듯이 끝이 있는
사람 사이 '사회적거리두기'란다

매일 아침 신의 경지로 찾아오는 고전 음악 선물
아름다운 이야기 봇짐 메고
삶의 순례자 찾아가는 시간의 음률
노고지리*는 터널 속 빛이 되었다

* 종달새의 순우리말

어머니의 보석상자

어머니 보내드리고 휘청거리던 날
허공을 휘젓던 손이 모퉁이조차 잡지 못해서
왼쪽 가슴뼈의 상처로 상전이 된 육신의 자매
무료함 달래 주려고 벨벳 상자 열었다

보랏빛 스타루비 맑은 약속
금강석 단단한 축복으로
에메랄드의 찬란함이 영원인 줄 알았지
진주 위의 진주를 덮으면서
담백석 청옥의 푸른 토파즈의 물결로 가득하다

빈틈없이 메워진 추억
어머니의 사랑으로 빚은 칠보 황금 쌍가락지
약지에 끼우고 보석 상자 덮으니
가슴에 바람이 분다

별 무늬 봄 바다

별 하나로 지는 일은 춤추는 야자수 아래
파란 물빛 좋아하는 펠리컨 날갯짓 따라
차가운 조각을 녹이는 봄
거친 파도 숨 고르기 하는 시퍼런 별 무늬 봄 바다엔
미처 다 크지 못한 참치 새끼
물먹은 하얀 바닥에 피 토하듯 절규한다

별 하나 섬기는 일과 반복되는 바람 이야기는
생각만 많은 장단에 맞춰 담담한 노래가 되고
시간을 조각낸 일들이 바람길에 파도를 세우듯
봄 물결마다 목에 걸리고
멈춤 없는 세월 앞에
노랑색 별 하나로 저문다

마른 가지에 새싹이

마른 가지 가슴에 걸치고 추적추적 젖은 길 위에 서니
옛 시간 덮는 봄 기척에
그리움은 외로움으로 목덜미까지 시려져서
털목도리로 숨겨주었다
굵어지는 차가운 빗줄기
속 가슴으로 구멍을 내는지
꼭 다문 입 속까지 차오른다

지난 일들을 기억하는 마른 풀들에게
아픈 날도 삶이라고 푸념하며 걷는데
공중에서 푸드덕거리는 통통한 참새무리들
눈물 고인 눈길로 후드득
싸움질이 아니고 사랑놀이네

마른 가지에 다시 새싹이 피듯
문고리 잡으면서 따뜻해진다

텃밭 이야기

오월이 문을 열면 연한 녹색 밭에서
살포시 햇빛 입은 몸이 녹는다
아가 숨결로 누워있는 푸성귀들의 싱싱한 사랑이
곁을 내주면 무엇이든 풍요로워지고

무반주 합창을 들으며 조물조물 손끝의 예술
깔끔한 꽃 상차림으로 평범한 일상은
특별하고 화려해진다

바람이 소복한 배꽃 춤추게 하고
진분홍 새아씨 사과꽃이 아름다운 소문을 피우고
유혹하는 오월의 텃밭은

무엇이든 품어주는
푸르름의 눈매가 넉넉하다

아욱국

사월에 씨를 내고 집을 비웠다
보름 만에 돌아오니 여리고 예쁜 연둣빛이다
우리 예전에 삭혀놓은 깻묵을
한 바가지 물에 섞어 듬뿍 주고 또 잊었다

유난히 따스하고 바람 연한 날
무심히 나갔다가
저 초록 소담스러운 밭에서 말을 잃었다

도토리 키재기하듯 빈틈없이 메웠어도
그중에 웃자란 것 싹둑싹둑 가위질한다
된장 넣고 조물조물 봄날의 아욱국
사랑의 맛으로 입안 가득 먹는 계절

시린 바람 눈길로 오시는 님

　미음으로 읽은 오늘의 묵상은 예수님께서 라자로의 동생 마리아에게 하신 말씀으로 "나는 부활이요 생명이다 나를 믿는 사람은 죽어서도 살고 또 살아서 믿는 사람은 영원히 죽지 않을 것이다" 이맘때가 되면 읽게 되는 성경 구절이다

　지난 팬데믹 동안 많은 이웃과 지인들을 잃고 어둠의 터널 같은 시간을 보냈다 불행은 함께 오는지 살짝 넘어져서 뼈에 금이 간 상처는 치유가 느려지고 둔해진 몸은 다른 사고로 이어져서 긴 겨울을 암울하게 지냈다 고통 중에도 몸이 조금씩 좋아지고 있음을 느끼는 순간에는 하루하루가 소중했다

운동 삼아 뒤뜰을 거닐 때 만나는 장독대 옆 청매실 나무는 둥치만큼 세월을 품어 시린 바람 속에서도 담담하게 꽃송이들을 소복하게 매달고 있었다 주어진 여건에 순응하는 자연의 섭리에서 진솔한 아름다움을 보았다 희망으로 조금만 더 참고 기다리면 그분은 기쁨 되어 우리 곁에 오실 것을 아는 우리는 어려워도 행복하다

매화 향 오는 길

장독대 옆 매화꽃 오는 길은
운율과 리듬을 버무린 바람이 먼저 오나 보다
갑옷 같은 표피 아래 깊게 숨겨 놓아도
비단 안개 휘감기면
혼의 비밀 장소 되어 그리움이 감겨온다

오며 가며 휘어진 가지 흔들어
숨겨진 내음 살아내라고
잠들지 않고 꾸는 꿈으로 노년의 오후가 꼼지락거린다

잔설 찌꺼기 지워지는 날 소롯길 가로지르듯
연초록 꿈 닮은 향기로 온기 품은
샛바람으로 해찰 말고 오려무나

여행일기 · 1

봄 온기로 흙을 만지고 라일락 향기로 숨을 쉬는
화려한 일상을 잠시 내린다
진줏빛 구름과 맞닿은 푸른 빛을 눈길로 배회하면서
초록은 촉촉한 수직선 사이에 있다
바다와 만나 수평선
지질과 만나 지평선
운무와 만났으니 운평선이라 이름 지어 주면서
하늘색 물감 풀어 역겨움 속 유황의 세례식은
간간이 내리는 성수에 세속을 씻어내리고

자연의 신비
운평선 닮은 눈꽃 능선
그 길로 안내되었다

여행일기 · 2

굽잇길 넓은 들에
헤일 수 없는 분화구가 올리는 연기는
외갓집 굴뚝 닮아서 설레고 감탄하는 사이에
하늘로 쏘아 올린 타워 폭포가 구름과 마주 손잡는다
미생물이 그려놓은 무지갯빛
간헐천은 박물관 되어 아프도록 붙잡아 놓고
발밑에서 울리는 굉음은 무서워도 신비로워지는데
유황 물에 녹아버린 바위산이 찰진 흙으로 죽을 끓인다

차창 밖 오월의 설산은 봄부터 겨울까지 수놓아
아무리 달려도 아쉬움만 남기고
먹이 찾는 늑대 구경거리 되고
가족 거느린 들소 외길 막아서면
셔터 소리 요란하게 쉬어 가는 곳
자연에게 맡겨놓은 그 자연에
세월 한 장 새겼다

여행일기 · 3

달리는 차창이 화창하다
예약도 없는 곳을 향해
샌드위치 빵을 싣고 가디너*를 떠났다
같은 식당에서 먹은 살찐 송어구이는
높은 산 깊은 계곡 맑은 물이 내어준 만찬
가도가도 끝이 없는 호수에 잠긴 설산
그 속의 카메라

자연재해로 초토화되어버린
능선과 능선 사이
발아된 새싹을 담으며
찬물 찬 빵 찬 몸을
미네랄 온천에 데웠다

* 가디너 : 옐로우스톤 안에 있는 산장 마을

안개 속에 잠긴 호수

안개꽃 가득 핀 새벽
묵묵히 피어 있는 마른 풀숲으로
날마다의 그림을 담으러 간다
살아있는 꿈을 둘러맨 길은
먹이 찾는 물오리에 붙들려 갈등하는 사이
예민해진 지그재그 반응으로
바람의 흔적으로 떠났다

호수가 호수와 맞닿아 또 다른 호수가 열리는
숨겨진 숲길이 해맑아서 가끔씩 심호흡하는
그리운 것은 모두 떠나고
지각한 해님이 서성이는 안개 속에 잠긴 호수
희미한 자막으로 점 찍어 섬이 된 이름
물속으로 불어가는 그림자에
단단한 마음으로 아득한 것은
길게 늘려서 잡아왔다

걷고 또 걸었다

매일 아침 내딛는 첫발의 알싸함
부엔 까미노*
뒤처지지 않고 함께 두 노인이 걸었다
멀고도 낯선 길
담담하게 결단했던 용기에 찬사를 보내면서
걷고 또 걸었다

새로움이 즐겁고 감사하고
꿈으로만 꾸던 길 후회 없이 걸었다
저물어 가는 내 삶을 한 점 새겨놓는 일이
미완성 작품처럼 지금 아니면 안 될 것 같아
미련하게 걸었다

* 좋은 순례길

걸으며 생각한다

새벽을 초대하며 어둠은 내리고
여행자에서 순례자로 걷는 길
종교를 초월한 길 위에
땀을 입고 걸어도 아름다운 길

신을 만나기 전 나부터 만나는 길 위에서
부서지는 마음이 고단함에 지친 마음속을 듣는다
이정표 선명한 길
무거운 짐으로 깊은 상처로 치유되지 않는 화살표

낯선 시간 들에 핀 꽃향기로
거센 바람에도 가슴은 따뜻해지고
아리아의 선율로 울리는 종소리는 신의 소리가 된다

얻은 것도 잃은 것도 없다는 생각부터 허물고
서쪽에서 동쪽으로

물길 따라 바람길 따라
가벼운 깃털은 그냥 바람이 된다

봄 부추 마중길

입춘으로 추위는 매듭을 짓고
찰밥 먹는 보름날에 달맞이 핑계 삼아서
해 묶은 낙엽을 쓸어내렸다
햇살받이 창밑 일렬에 온 봄의 전령은
노랑 조밥 가득 묻히고
놀랍도록 강인한 얼굴
향은 없이 서두름만 온 여리디여린 봄 부추

상기된 얼굴로 소문을 내고
자르고 싶다는 열정을 아기 재우듯 다독이면서도
널리널리 시집보낼 생각에 가슴까지 콩닥거린다

산티아고 순례 여행

 망망대해 검은 비구름 살짝 스쳐 지나간 뒤 깜짝 뜨는 무지개를 좋아하고 한여름 밤의 더위가 식은 새벽녘 총총히 떠 있는 별 보는 것을 좋아하는 나는 "빛나는 별 들판"이라 불리는 산티아고 순례길을 막연하게 동경해서 언젠가는 꼭 한번 걸어보리라 생각했었다

 새로운 것에 대한 막연한 두려움으로 용기를 내지 못했었는데 평화신문 36주년 기념으로 준비된 순례자 여행 소식에 사십 년 지기 친구인 햅미나와 동행했다 두서없이 가방을 꾸린 나와는 다르게 가득하게 꼼꼼하게 효자손까지 챙겨와 두 개의 가방을 어렵게 움직이는 모습이 안쓰럽기는 했어도 잘 참고 잘 견뎌낸 여행이었다

 매달 만나는 친목 모임 친구가 순례 여행을 다녀왔다고 자랑할 때는 시큰둥한 반응을 보이며 닥치면 누구나 해내는 일쯤으로 생각했었는데 막상 걸어 보니

그 친구가 대단해 보이고 많이 칭찬해주고 싶어졌다

순례 여행 준비로 며느리 승희와 일주일에 삼일 만보씩 걸었던 시간들이 무색했다 엄살쟁이는 시작부터 쉽지 않아서 반은 걷고 반은 쉬고 하루 종일 비바람 불고 우박이 떨어지던 날은 통으로 비우면서 차창에 스치는 다채로운 녹색을 즐기고 밀밭 사이로 그림 같은 유채꽃의 노란색에 마음이 물들어가면서 이유 없이 행복한 무늬만 순례자였다

순례자들은 미주 전 지역에서 모였는데 고국에서도 한 분 오셨고 인솔자와 안내자로 구성된 어색한 팀을 찬미 신부님의 선물 같은 떼제 노래 "사랑합니다 나의 예수님"은 순간에 한식구로 만들어주었다. 뉴욕 공항에서 부친 가방이 없어져서 당황하고 어려운 중에도 밝고 씩씩한 자매가 참 보기 좋았다

"가장 위대한 여행은 지구 열 바퀴 도는 여행이 아니라 단 한 차례라도 자기 자신을 돌아보는 여행이라고" 마하트마 간디의 말처럼 이번 여행은 내면의 생각에 몰두하게 만들었다.

환희의 언덕을 즈려밟고 산티아고 데 콤포스텔라 광장에서 서늘한 감각을 맛보았다면 성당 안에서의 미사는 큰 감격이었다 미사 후미에 성당 여기저기 흩어져 있던 우리는 한국 성가 "아무것도 너를 슬프게 하지 말며 아무것도 너를 혼란케 하지 말지니"를 크게 부르며 제대 주위로 모여들어 주교님과 악수하고 사진 찍고 아기 웃음을 담으신 환한 얼굴을 가깝게 뵐 수 있었다 찬미 신부님의 재치와 영민함이 만들어낸 최고의 선물이었다 지금도 그 생각만 하면 입가에 미소가 번진다

130km 구간을 마치고 수료증을 받을 때는 큰일을 이룬 듯 뿌듯해서 집으로 친구에게로 지인들까지 증명

사진을 자랑스럽게 보냈다 시작할 때 뽑은 마니또의 이름으로 기도와 선물 준비도 했었다 헤어지기 전날 차 안에서 순례를 오게 된 사연과 기도 드린 과정에 대해 나눔의 시간을 가졌다 투병, 사별, 교회 안에서 갈등, 남편의 간병, 시모님의 사랑, 까칠한 남편, 그리고 복잡한 가족사까지 들으면서 울고 웃는 시간을 가졌다

조그맣게 조각낸 덩이에 온 세상이 다 들어 있는 듯 우리들의 사는 이야기는 감동과 감사로 이어져서 가슴에이는 그러면서도 따뜻해지는 피정이 되었다 우리들에게는 짧고 기다리는 가족들에게는 긴 시간 함께하는 일에만 열중했던 우리는 잠시 접어 두었던 일상으로 되돌아간다 뉴욕행 비행기에 오르니 한 장의 추억이 되어 벌써 그리움이 되었다 마리아 투어와 함께한 참으로 좋은 여행이었다

- 비행기 안에서

삼월은

햇살이 깊고 따스해진다
눈으로는 보물찾기하듯
초록의 그리움을 더듬고
두 귀로는 활기찬 생동감으로
나른함을 흔들어 깨우고
부드러운 바람길 따라
히아신스 아네모네
빼꼼한 얼굴로 봄을 키우고
산책길 개여울 소리는
정다운 노래로 흐르고
얕은 산자락 두릅 군락지
꽃이 없어도 눈길 머물고

산울림만으로도 맑아지는 기운으로
묵은 씨앗을 뿌리고 싶은 삼월아
네가 와서 참 좋아

2부
화려한 뜰

보랏빛 꽃등

은은한 향기 휘감고 외출하는 꽃
치맛자락으로 나풀나풀 맺혔다
떠나갔던 꿀벌들은 보랏빛 환영에
달콤하도록 속살거린다
페튜니아 화려함을 한아름 안고 온 손님의
교정과 친정 뜰 추억은 속살 아린 그리움 되었다
꽃샘으로 못다 피운 한 함께 모아 피우는지
등마다 이름 달아 놓고 축원 기도 올리시던
가신 분의 고운 자태가 굽이굽이 유순하다

햇볕에 꽃등 켜고 별 보석 하늘 화관 쓰고
바람에 춤사위 되어 가슴으로 꽃물 고인다

오월의 뜰

싱그러운 텃밭 잡초 속에 버텨내던 허리를 펴면
숙제로 고스란히 남겨진다
철사 담장 길게 쳐진 솔향기 눈높이에
종달새 날갯짓 멋들어 가면
화려한 연두 냄새에
비 냄새 흙냄새 바람 냄새 섞어 설렘은 희망으로
둥지마다 새 식구들 치열한 정겨움
가슴에 장미 향 들어오고
흐드러진 모란이 눈에 박히고
보라색 아이리스 꺾어 가슴 가득 안겨주고 싶은 달

그림자 길게 내려오는 오월의 뜰은
손 마디마디 흙에 절여져도
숙제는 난감하게 남아있다

선을 이루는 아름다운 달

핑크색 스페니쉬 벨이 납작하게 피어 있는 길옆으로
칠월에 만개하는 수국담장 끝자락에
아주 작은 연못이 있다
비단잉어를 키우다가 왜가리가 날아와
잉어들을 다 먹어 치운 후에는
미나리가 수북하게 자라는 쓸쓸한 곳이 되었다
연못 주위를 감싸고 있는 대나무 숲에
잡새들이 모여 사는 것을 알고부터는
새벽마다 모이를 주기 시작했다
새들의 종류는 많지만
그중에 눈에 자주 들어오는
로빈, 카디날, 블루 제이는
크기도 비슷하고 성향도 비슷해서
자주 영역 다툼이 벌어진다
블루제이는 이름처럼 색이 곱고
맵시가 물찬 제비를 닮았고
카디날은 빨강색 깃털이

추기경 모자를 닮아서 귀엽고
로빈은 멋지고 당당하게 아름답다
부지런하게 둥지 만들어 알 품고
새끼 키워 날려 보내는 달 오월은
텃밭지기에게도 만만치 않은
그래도 모든 것이 합력하여 선을 이루는
아름다운 달이다

아름다운 사랑 노래

부드러운 날갯짓 따라서
숲을 닮은 녹색으로 마른 울음이 하늘에서 내려오면
숨결 가득 따뜻해진다
춤사위 따라 열중하는 계절
잠깐씩 푸르게 열리니
높낮이에 상관없이 허공에 퍼지는
사랑 노래로 서로를 이해하나 보다

외줄 높은 용기가 희망을 부르고
함께 나누는 순간에도 성장하는지
아름다운 자연 속의 섭리가 햇살 가득 감미롭다
덤덤한 일상에 양념이 되는
지우듯 떠났다가 피우듯 돌아오는
어린 새끼들의 치열한 연마

끝없는 도전으로 일상은 포만이 되고
틈새마저 지켜내는 수고가 저물면

다시 또 시작하는
정갈한 새벽길 그 숨결 듣는다

정갈한 새벽길

뜰은 많은 꽃 이야기가 있다
창포꽃의 맵시가 도도해지고
요란하게 푸짐하던 모란의 자리에
씨방이 다글다글 여물어간다
보라색 창포 씨앗은 보라색 꽃을 피우는데
빨강색 모란 씨앗은 분홍색도 하얀색도 자주색도 피워서
씨앗을 많이 받아 발아시키는데 확률은 미미하다
그래도 새로운 색을 만나는 기쁨으로 파종은 계속된다

올해는 2월에 윤달이 들어 예년에 비해 늦게 온 봄이지만
추위에 강한 상추는 일찍 파종했다
튼실하게 밭을 가득 채워준 상추를 이웃과 나누고도
자꾸 자라서 몇 주일 성당 식구들과 나누었다
뜻밖의 나눔으로 텃밭을 보고 싶어 해
사진까지 찍어 보냈다
유채색 가득한 정원에 시원한 바람과 함께 울어대는
새 소리는 열정이 넘치는 계절임을 실감나게 한다

앞뜰과 뒤뜰을 꼼꼼하게 돌면서
손이 필요한 곳 찾아서 약을 치기도 하고
가지치기도 하고 너무 복잡하게 자리를 차지한 꽃은
솎아내어 옮겨주기도 나눠 주기도 한다
동트기 전 이른 새벽길은
나를 비우면서 기도하기 좋은 시간이다
타박타박 걷는 발자국 소리에 새들은 날아가고
다람쥐는 나무 둥치 뒤로 숨고
태어난 지 얼마 안 된 작은 토끼가 깜짝 놀라
도망치다 갑자기 멈춰서서 두 귀를 쫑긋대면
앙증맞은 그 귀여움에 입으로 중얼대던
기도는 날아가고 입가에 웃음을 한가득 물고
기도는 처음부터 다시 시작한다
해와 달을 누이라 부르고
피조물들을 형제라 칭하는 성인을 책으로 읽을 때는
이해가 어려웠는데 지난 겨울 새 밥을 주면서
따뜻한 봄날 거북이가 알 낳고 부화하는 모습을 보면서
성인의 자연 사랑을 가깝게 이해하게 되었다

출판기념회

문인들과 함께한 자리
기쁘고 아름다운 시간
감사한 마음으로 선생님을 바라보니
따뜻한 눈빛으로 잔잔한 미소로
가슴 뭉클하던 그 순간을
영원한 시간으로 사랑합니다
나의 등대 같은 선생님
시인 박선원

그대 눈빛에서 시든 꽃이 피어나고
마른 가지에 연둣빛 싹이 트네
흙에서 황금을 캐는 손길
가정과 친구를 위하여 자신의 섬을 내어주는

사랑이여! 그대 안에 향유를 붓노라
그대에게로 가노라

- 시인 김정기

족두리꽃

연한 꽃바람에 머리 감으면서
산책하는 풀섶 길
연지 곤지 없어도 주인공이다
얼기설기 의지하며 오르는
바람 걸친 물결 위에 온갖 시름들이 내려지고
벌 나비들의 춤사위는
화려한 만찬에 초대받은 듯 마음잡아 날아간다
풍접초 낯선 이름 내리고
족두리꽃으로 불리는 영락없는 새색시 꽃
선택과 소멸 사이에서
가시로 온몸을 지켜내는 차돌박이 영리한 꽃

분홍치마 노란 저고리가 아니어도
희망과 깊은 정으로 봄에 와서 가을에 간다

호수 위의 바다 갈매기

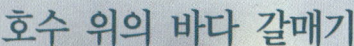

하얀 꽃잎으로 젖은 바람 속에 흩어지는
갈매기들의 마른 울음은 천상의 노래가 된다
쌓여가는 시간 속 잠깐 멈춤이
차마 발설하지 못하는 사랑이 되어
황홀한 춤사위로 회답한다
목에 힘준 넘버원의 위세가 아무리 뻣뻣해도
대열 속의 틈새에 아로새겨도
햇살 가득 넉넉하고
목에 가시 되는 도전들이
창공에 피어올라도 지우고 떠났다

연마하는 어린 새끼들의 일상은 포만이다
내일로 내리는 저녁 노을에
바람의 흔적마저 아득하여지는가

호수에 빠진 하늘

명주실로 둘둘 말아 놓은 듯 스치듯 왔다가는
간지러운 열기조차 벗고 싶어 호수로 간다
아래로 더 아래로 흙길로 연결된 숨은 멋쟁이
잔잔한 바람에도 주름치마 만들고
조각배 백조와 어우러지면 실눈으로 머문다

초록 바람으로 산이 내려오면
쓴맛으로 낚싯줄 사라지고
아쉬울 것 없는 놈들 날아간 자리
빈 껍질로 남겨지는 숲속의 요정

순간 멈춤으로 하늘이 호수에 빠져서
카메라에 얼른 잡았다

새로운 시작

비 내음이 가득하게 배어 있는
여름 소나기 지나간 자리에
들깨 칼국수 뜨끈한 국물로 설레는 마음 달래면서
푸른 청춘을 다리에 실어
넘치는 열정으로 경쾌한 음악에 몸을 맡긴다
벽 거울에 비치는 어색한 분위기의 긴장감은
내 몸에 맞아도 틀려도 반짝이 옷으로 나비가 된다
꼬이는 스텝으로 호흡이 흐트러지면
밝은 웃음이 친절한 인사가
세대 차를 지그시 넘어간다

땀 흘리고 나누는 신선한 청량제
소중한 추억 하나 그려 넣어
새로운 시작은 희망이 된다

어부의 아내

계절 없는 야자수 아래 바닷바람이 그리워지면
독수리로 변하는 바늘에게 꿰인 실로 따라가면서
입으로 마음으로 물 무서운 서러움을
카메라로 달랜다
길은 언제나 외길
바다 위의 작은 배는
팽팽한 낚싯줄에 날렵함이 절실해도
앵글 속에 담겨있어 내밀 수 없는 손길이다

동남쪽 끝 땅 황량한 나그네들의 섬
에메랄드빛 바다 위에
흰 구름으로 있다가는 어부는
펄떡거리는 참치를 올리고
어부의 아내는 사진 속의 시어를 낚는다

섬살이

펠리컨들은 속살거리면서 야자수 사이로 날아가고
아기자기한 이야기들은 바람으로 곁에 남는다
비밀도 아닌 슬픔은 마음만 독촉하여
아무렇지도 않게 갈비뼈를 바라보며
시간이 약이라고 소근댄다

별나라로 떠난 정겨움을
사랑의 무용담으로 혹여 못 알아들을까 봐
목소리 톤을 높여가면서 절뚝거린다

차가운 마음으로 뜨거운 사연 들으면서
빛도 물도 하늘과 맞닿은 섬살이
정성으로 닻줄에 매달린다

불꽃의 길

애틋한 연민의 꽃길에 화려한 외로움은
짓누르는 상처 상흔의 혈기로
엇갈린 삶의 기로에 섰다
보고 듣고 알고 있다는
빛의 자유의지에 눌려서
열 손가락을 다 꼽아야 넘어가는 이적으로
지울 수 없는 지문 박아놓은 파스카*
바닷속 마른 땅의 기적은 어둠 속 생명의 이정표

마른 풀잎 씹듯이 치열한 불평과 의심으로
붉은 심장 흔들어 한 잎도 남김 없이 날아갔다
임마누엘* 약속으로 신뢰 입은 인내 속에
생명의 길은 불꽃 사랑으로 품었다

* 과월제라고도 불리는, 하느님이 출애굽 전야에 이스라엘 민족의 처음 태어난 것들을 살려둔 것을 기념하는 날. 매년 성경에 표기된 니산월 15일부터 22일이다.
* 신께서 함께하신다

미나리밭 이야기

낙하산 용병 되어 허공에 흩어졌다
휘이휘이 새 떼 후리는 손끝의 힘으로
한 줌의 미나리 밑동은
영화의 마지막 장면처럼 사라졌다

단오절 그네로 왔다가는 시간을 타고
칙칙하고 질척이는 숲속 늪에 초록이 움을 틔웠다

듬성듬성 섬이 되었다가
마지막 화전민 텃밭 모습이다

장화 신고 낫을 들고
봄에 오는 신바람 오월의 행사

세상을 덮을 듯이 퍼져가는
비밀의 숲 미나리밭은
어머니 숨결로 머물러 있다

나팔꽃 사랑

창가 화분에 자라서 좋아 가는 실 타고
햇빛에 얼굴 마주하며 곡예하듯 자라거든
붓끝으로 씨앗이 맺혀서 몇 알 주려고…

호밀 칼국수 먹으며 나눠준 나팔꽃 사랑
유월의 햇살 아래 싱싱하게 오르는데
유월에 떠난 사람

성실하고 당당하게 반듯한 삶을 나눠주던 언니
왜 좋으냐는 우문에
잎이 사랑이잖아 현문으로 답하던 그리움

두메부추

고국 뜰 골짜기에 묻혀 살다가
사뿐한 비행길로 몰래 숨겨와
봄기운 가득한 텃밭에서 은밀하게 눈 맞추고
긴 시간 인내로 제자리 잡았다
소낙비 소리에 몸집 불리고
시원한 바람 따라 여물어
벌 나비 부르는 꽃송이들
색다른 고명으로 상큼한 요염증
감칠맛 나는 살가운 향꽃

꿈으로 그리는 고국산천이
꽃길로 금 그으며 왈칵 쏟아져
시간 따라 앞서며 뒤처지며
내년 그 이후에도 길게 누워
연보라 고운 천 바람에 흩날리는
꽃물결이 마냥 설렌다

두메부추 떠나온 고향은
칠곡군 가산면 학하리
눈 많고 척박한 뉴욕 골짜기에
숨어서 피어난다

전설 품은 꽃

별꽃으로 피워내고 꽃비로 지우는 일은
밤하늘 세던 그리움으로 하얗게 절절하다
무심한 새벽달 아래
신성한 제의가 되어도 차고 외롭다
우아한 운명은 영원한 사랑으로
마른 가지에 연을 맺어
슬픈 전설을 품어 피는 꽃

한 조각 풍경 담은 새 소리도
순한 바람도 흐르는 물 되어 깃털 내린다
미련 없이 돌아서는 시간
기다림은 약속이 된다

은영아

선율로 부르던 목소리 허공에 맴돌아
머릿결 스치는 바람에도 목이 마른다
은혜의 강줄기 반듯하고 봄빛같이 선한 언어들
어긋난 시간으로 마음이 시리다

굳세어져라. 두려워하지 마라.
보라. 너희의 하느님을!(이사 35.4)

올리비아와 필립의
따뜻한 손 잡고 간절한 기도 속에
물레방아 시원한 하루가 무지개 피우는 날
허기진 하얀 천으로 대답해야지
네, 여기에 있습니다

3부
스산한 뜰

시련의 계절

고통 속에서 불안하게 지내는 이들의
마음에 평화를 주세요
그들의 어려움에 동참하는
의로운 손길과 그 가족들을 지켜주세요
특별한 위험에 노출되어 있는
일선의 관계자들을 보호해주세요
가난하여 소외된 어려운
이들도 보살펴주세요

함께 나누고 함께 이겨내며
고독 속에서도 슬기롭고 희망찬 길로
나아가게 도와주세요
새들이 지저귀고 꽃들이 향기로운 계절에 밀려
고통 근심 아픔이 사라지게 해주세요

간절한 마음으로 기도합니다

시월의 풍경소리

어머니
허공에 부르면 가슴은 파도에 몸살을 한다
한 생애 걸어서 노을로 돌아오시는
시월의 젖은 발자국

가슴에 응어리
탈골암 자비에 맡기시고
초파일 탑돌이 하시던 간절한 기도만 남아
목탁 소리 사이로 침묵을 깨문다
생각 속에 그리움이 이제야 들리는 풍경 소리로
구절초 약 단술 향이 손끝에 묻어나시던
조물조물한 세월들이 물안개로

기일은 차고 쓰게
고운 시월에 온다

그리운 어머니

사랑초 잎으로 열고 닫고 수없이 조각낸 시간들
음습한 공포의 소문으로 미리 질려버린 일상에
어머니 기일은 빈 문패로 속으로만 적신다
뜨거운 목소리에 선잠으로
철새들 날갯짓 따라 바람으로 뒤척이는데
어디에 어떻게 하나
무엇에 기대어 세울 수 있나

아버지 연각에 이름 새기고
목탁 소리 염불 소리로 하얗게 태워버리는
기별에 합장하는 동쪽 하늘

시름시름 애끓는 가슴은 부르기도 전에 먼저
그리운 어머니

빈 계절의 빛

단절이 주는 외로움보다
아픈 맨발을 딛고 문을 여니
어둠이 가까워서 두려웠다
곡예사의 묘기를 보듯 시간은 참으로 열정이어서
눈이 내려도 바람이 불어도
한고비 넘기려는 마음은 기도로 가득 채운다

두려워하지 마라 너와 함께 있겠다
봄꽃 같은 대녀의 다정한 소식이 살가움으로
이 겨울의 잔혹사를 줄줄이 걷어 내린다

소소한 일상도 신비가 되고
실낱같은 희망에 귀가 커지는
복식 호흡으로 쉼표 찍고도
그리고도 입은 가리고 눈만 키운다

길 위에 짝이 되어

갯여울로 칭칭 감긴 숲길은
13개의 다리가 세월을 거슬러
단절된 고요 속에 잠겨 있다
비탈진 오름 길은 마음이 먼저 풀어 내리고
초록 융단 돌담길에 시간을 담으면서
새소리 정갈한 산책로에 생각 많은 노인이 된다

바람에 흔들리는 능선 따라
두릅 군락지 몸이 먼저 머물면
눈비에 견고한 가시들
선한 눈으로 비켜서 간다

헝클어진 싸라기 빛 아래
생각이 먼저 두근거리고
삭아 내리는 마른 풀잎에도
성찰한 고백이 속을 울린다

앞서간 선인의 발자국
길 위에 짝이 된 동무들
오늘도 살아있는 석양빛 물결…

나들이

빨강 버튼 하나로 바람과 새소리
가을빛까지 추수하듯 가득 담았다
잔잔하게 화폭으로 펼쳐지는 설익은 가을 들녘이
쏘나타로 빠르게 느리게
균형 잡인 칸타타로 흐른다

찰칵찰칵
능선을 바위를 썩은 나무 등치를
겉만 좋게 잘라내면서
지루하도록 곧은 미로 속
사열하는 풍경화 속으로 질척하게 스며들었다

마지막 이정표
"그 어느 때보다 사랑"* 돌에 새겨놓고 떠난
연인들의 흔적 앞에 촉촉하게 단풍 들었다

* LOVE MORE THEN EVER

꿈쟁이

연한 새순 꿈쟁이는
비단 손길 벗겨지고 공포 속에 버려졌었지
골수에 사무친 그리움 숙명으로 살아내면서
삶을 틀어쥔 사명 앞에 무릎 꿇었지

"차프난 파네아*"로 다시 태어난 꿈쟁이는
앞길을 먼저 닦고
선으로 선으로 먼 길 돌아와
피 끓는 절규를 품어주웠지
가랑잎으로 바스러지는 사랑이 안쓰러워
입안의 혀처럼 알아들었지

미움받던 꿈쟁이는
큰 산을 울러 메는 씨앗이었지

* '신께서 말씀하시니 그가 살고 있도다'라는 뜻

가을 고추장

검은 띠로 묶어둔 안타까운 시간들
겨울을 그냥 맞으면 안 될 것 같아서
가을 고추장 담근다
수고와 계절의 붉은 결실을 하얀 물수건에 닦으면서
도란도란 펼쳐놓은 대소사 풍경은
재미지고 고소하다

큰 가방 속 든든하게 밀어 넣고
"봄볕에 제빛으로 익혀 먹거라"하시던 말
허공에 동동 떠다니다가
쑥부쟁이 흐드러지게 피고
가을빛 쨍쨍한 하루 잡아서
엿기름에 찹쌀 삭혀 메주 고추 비벼서
찰랑하게 독에 담으니
비밀작전 수행한 듯 따뜻한 세상이다

간절기

아롱다롱으로 오네요
높아지는 철새들의 울음으로
맵싸한 새벽공기로 몸이 먼저 알아차렸죠
탱자 알갱이 밤송이에 힘 들어가면
다람쥐들 맑은 눈빛으로 풍경도 풍요로워져서
허겁지겁 서둘러지죠
텃밭의 대파도 미처 익지 못한 고추도
주렁주렁 손길 기다리는 스산한 마음입니다

흔적 없이 잎 지우고 꽃대 길게 올려서
피 토하듯 절규하듯 피워내는 꽃무릇*
감지덕지 간절기입니다

* 상사화, 꽃말은 슬픈 추억

빈손으로 오라

투병 중에 계신 K 선생님 부부를 방문하는 길은
염려와 연민으로 무겁게 출발했다
멋쟁이 N 선생님과의 동행은 해박한 지성으로
긴 시간을 달리는 차 속에서 짧은 피정이 되었다
신앙인의 삶이 생각보다 녹록지 않음을
잔잔하게 풀어내시는 예전의 미스 코리아는
지금도 어느 장소에서든지 시선을 모았다
부인의 투병기를 돕던 안쓰러운 마음에 병이 되셨는지
당당하게 반듯하시던 모습이 사라진 노인은
헐렁한 옷속에 아기처럼 웃으시고
조심스럽게 걸으시고
감사하는 마음으로 회복 중에 계셨다

빈손으로 오라
가볍게 다녀가라
정말로 필요한 것이 없다
그 말씀에 우리는 자석처럼

번개처럼 콩 튀기듯 다녀왔다
고국에도 없는 정겨운 친정 나들이는
러시아워를 피해야 한다며
서둘러 아쉬움을 정리해주신 덕분에
장거리 여행은 단거리 여행처럼
소소한 하루로 정돈되었다
N 선생님과 속닥속닥
뒤뜰의 봄 부추를 잘라 넘치도록 눌러 담으면서
이웃 친구와 나누고 싶다고 한 봉지 더 챙기신다
'친정에 다녀가는 기분이다'라는 말씀과 함께

친정 나들이

잠을 설치고 입맛이 없어지고
꿈에서도 분홍치마 입고
아이들 얼굴로 해를 품는다
마늘 다지는 소리 들리는 부엌
따뜻한 차를 끓이는 거실
작약 무더기 흐드러지게 피는 뜰
감나무 익어가던 울타리
시원하게 물 길어올리던 바가지
연못가의 물때까지 절절하다
그리움은 늙지도 않고
굽이마다 초롱꽃으로 피어나
발자국마다 가슴 후벼낸다

기름기 흐르던 긴 머리도
반듯하게 곱던 이마도
아무렇게나 수세미 구겨 놓은 듯
세월에 삭아버린 허한 마음을

언니 가슴 오라버니 마음으로
조금만 조금만 더 있다 가라는
친정은 언제나 눈물겹다

세월

피가 나는 것도 아니고 다치지도 않았습니다
그런데 골이 지네요
자꾸 생겨요
거울에 비쳐서 보면 눈물이 핑 돌아요
가슴에 멍이 드는지
저리도록 시려져서 눈을 감아버려요

그리고는 웃어봐요
웃으니 웃어지네요
이렇게 살아요
그냥 살아요

서리태로 빚은 두부

봄을 잉태한 검은 겨울이
뽀얗게 올라오는 그리움을 가슴에 그린다
시간을 늘려서 풀어 놓은 서리태*
그 속 푸른 이름으로 껍질 벗는다

꿈에서도 벗지 못한 신바람 소리로 빻아
대나무 살 비비는 영혼의 소리로 걸러내어
간수 녹여 휘저어 푸른 앙금
누름돌로 지그시 내리니
이슬이 되어 촉촉하다

두근거리는 새벽
연둣빛 한 조각 입에 넣으면서
그리움 하나 지운다

* 속이 파란 검은콩

사육 이칠*

"한 처음에 하늘과 땅"으로 시작되는 구전 이야기
수도 없이 또 만났다

전염병, 두려운 삶 속에
보라색 희망으로 마음 문을 여니
쏟아지는 맑은 빛으로
두껍게 새겨진 상처들 허물 벗듯 내려진다
이쪽 문 닫히면 저쪽 문 열린다는 가벼운 말에도
부푼 가슴으로 무지개 뜨고
못생긴 물고기 눈동자에
피와 살이 녹아내린 사연 박혀있어도

열 가지 다 마음에 들던 날
말씀이 사람이 되신 그 임이
오늘의 선물로 오셨다

* 46권 : 구약, 27권 : 신약.

그때는 기다렸지

달콤한 말의 의미
그 밀도를 알고 싶었어

바뀌지 않음을 익히 알고도 충고에 거침이 없고
앞서서 결론 짓는 일에 길들어 갔었지
자식 일에 목숨 걸고 사는 일에 정성 들이고
죽고 사는 일 아니면 애닳아 하지 않았어

그때는 그랬어
한마음만 된다면 행복한 시간이라 믿었지
뾰족한 끝을 보일 때도 펄펄 끓는 열기에도
시간과 함께 식기를 그때는 기다렸지

묵주 알 굴리면서 하늘에 쌓여가는 줄
간절함이 최선인 줄 알았어
그때는 그랬었지

빈 넝쿨

산 그림자 깊게 내려오면
오이 넝쿨 그 끝에 노란색 꽃 뒤틀려 있다
화창한 오월의 흙을 품고 간절한 꿈으로 올리던
싱그럽고 매끄럽던 자랑을 싹둑 잘라 쌈장에 찍으면
입안 가득 푸르던 식사
상큼한 향기에 손맛으로 버무려 갈증을 내리고
얇게 저며 올린 두 볼에 예감을 보태면서
십자 칼집 속에 가진 양념은 포만의 향연

뜨거운 태양 아래
주렁주렁 열리던 선물이 찬바람에 떡잎 되어
빈 넝쿨이 애잔하다

새 밥 주는 남자

새벽을 담으려고 서두르는 길
넓은 주차장 소음이 발길 잡는다
긴 호흡으로 후끈한 공기 고르며
무리 지은 새 떼 속에 이리저리 흩어지는 빵 조각
편안하고 넉넉하다

허기진 시장기 뒤에 두고 환생한 조상 섬기듯
동서남북 정성으로 제 올리듯 극진하다
간밤 소나기 흔적 위에서 재잘재잘 경쾌함은
풀 먹여 다듬은 모시처럼
깨끗한 아침의 산뜻한 경지로

사라진 일출 대신
정겨운 풍경 한 조각 주었다

영원을 그리는 나무무늬

낙엽 진 소슬한 갓길
이름표 박혀있는 고목을 만났다
낮은 돌담 나무 문으로 그어놓은 경계
호기심은 사뿐하게 넘는다
벨벳이 끼 휘감고 보호대 받쳐진 세월이
코끼리 몸통으로 처연하다

식수 1787년
선택된 순간이 영원이 된 떡갈나무
고흐의 그림 닮은 두꺼운 표피 무늬는
손대지 않고도 알아듣는다

욕심은 속살 담는데
바람에 삭아지는 내 모습이 겹쳐진다

애절한 구절초

산그늘 깊어지는 단풍잎 길로
서둘지 않고 온다
우아하고 당당한 국화꽃 뒤따라
소탈하고 여린 꽃 조신하게 온다
서늘한 달빛 아래 은밀한 향으로
쌉싸름하게 온다

새벽 산책길에서 만나면 발길 멈추게 하고
한 번쯤 보여주고 싶은 꽃
좋아하는 마음 사랑하는 마음
몇 줄기 꽃으로도 넉넉한
아홉 마디로 구월에 온다는
가을 여인 같은 구절초꽃

시월 끝자락 된서리에 절망이 와도
원도 한도 없는 애절한 하얀 꽃

아나스타씨스*

겹겹이 쌓여가는 노인의 검버섯을 지우려
북향 큰 창 아래 누웠다
스산한 기계음과 살 태우는 내음보다
세월을 지운다는 집념이 하얀 모란꽃을 그린다

철없이 지은 죄일까
교만의 표징일까
욕심의 속앓이일까
칭얼대는 아이 달래듯 나직한 목소리에
지난 시간이 조곤조곤

섬기는 개척교회
전도 길에 만난 성형외과
새로운 도전이 된 은혜와
죽어가는 나무를 주워
새순을 올리고 자랑하는
선하고 고운 마음에 기대어

허물 벗은 자리에
새살을 예지한다

* 예수 부활

제주 섬 성지순례

계획된 고국 여행에 접목된 성지순례는
가벼운 마음으로 시작되었다
비행장에서 만나 함께 수속하고 시작된 여행은
제주성지부터 순례 도장 찍기로 시작하여
임진각 파티마 성당까지 21개의 도장을 찍고 끝났다
성지순례는 이스라엘로 이탈리아로 터키로
과달루페로 가는 것이라고 생각했었다
내 고국의 성지는 한 번도 생각조차 없이 살았었다
생소하고 낯선 여행이라 생각하며 시작했었는데
10월의 고국의 산천은 가슴 메이도록 아름답고
정겨워서 눈물 나고 반겨주는 따뜻함에 가슴 벅찼다
시골이 사라진 고국은
어디든 높은 빌딩 숲이 들어서 있고
터널을 뚫어 연결하고 예쁜 다리를 놓아
커다란 정원이 되어 있었다

나는 죽으면 하늘 집으로 간다고 생각하면서 산다

잘난 친구 질투하고 샘내고 미워하고
슬그머니 미안해지면 고해소에 들려 고백하고
보속으로 기도하고 바로 잊어버리고 같은 죄
또 지어도 또 용서받는 그래서 나는
하늘 집으로 가는 길이
당연하게 용서받은 길로 여기면서 살았다

그런데 옛날 옛적에 살았던 순교자들은
하느님을 믿는 것만으로도 죄인이라니…
목숨까지 내놓아야 하는 죄인이라니
그런 시대에 살지 않은 것만으로라도 다행이다
믿지 않겠다 말하면 살 수 있는 죄
신앙을 버리는 죄는 죽어도 안 되는 길인가
유교 시대에 제사를 없애라면
하느님은 어떻게 생각하실까
신앙을 곧게 살고 가신 순교자들의 이야기가
꿈인 듯 바람인 듯

억새풀 사각거리는 소리로 들려와
쓰리도록 큰 아픔이었다

제주의 황사평 성지, 김기량 펠렉스 베드로 기념관,
이시돌 목장, 김대건 신부 표적지 기념관
대정성지 정난주 묘역, 관덕정 등을 순례하며
많은 생각에 잠겼다
어느 한 곳도 슬프지 않은 곳이 없었고
목이 따갑지 않은 곳이 없었다
어떻게 그런 세월을 살아냈을까보다는
나랏님이 말리는 일이어도 하느님을 믿고
모든 것을 내려놓으신 선조들의
순교 정신이 놀라울 따름이었다

그중에 가장 피를 뜨겁게 했던 장소는
관덕정에서 발단이 되어 4.3 사건으로 이어졌다는
끔찍한 이야기는 머리까지 솟구치게 만들었다

그리고 그 다음은 정난주 마리아의 일생이었다
제주도 관비로 37년을 살고 간 노비의 일생이
머릿속에 오랫동안 머물렀다

정난주 마리아

귀공녀 열여덟 꽃송이는
비단실로 수놓아 구슬 꿰며 걸어갔네
찬란한 꽃 영광의 빛
높고 깊은 은혜로운 삶
아침 이슬이어라

지아비 머리에 씌워진 죄
하얀 편지로 회오리바람에 날아갔네
품 안의 꽃마저 떨어져 갔네

수모의 길 치욕의 길
애간장 녹이는 이별의 길
칼날로 도려지는 참담함을
파도가 알까 바람이 들을까

붉은 노을로 지는 간절한 시간
로사리오에 뜨거움 담아

단단한 씨앗 한 알 품으니
빛으로 사는 영원한 길 되었네

대정성지 어머니
서울 할망 마리아

4부
빈 뜰

빈 뜰

바람에 파도 타는 꽃 무리들
새로운 시작을 준비하듯
긴 꼬투리 앞서거니 뒤서거니
명찰 달고 보물이 된다

탱자청 담으려는 바램은 꿀부터 준비해서
어머니 손맛에 꿈결에서도 익어가던
따뜻한 사랑의 눈빛

몇 겹의 세월이 흘러
아늑하던 고향 뜰이 비어가고
모과나무 휘어지게 달려도
무엇에 쓰는지 아직도 몰라
내려지는 것 달려있는 것 사이에서
헐벗으며 창공으로 나부낀다
다시 채워지는 봄을 만들기 위해…

가을 하늘 기러기 금 긋고 가듯
찬바람에 푸성귀들 녹아내리고
치워도 다독여도 이어지는
빈 뜰로 가는 가을 갈무리

빈 둥지

벌처럼 날아서 꿈으로 퍼온 흙에
사뿐한 마른풀로 견고해진다
마주 보는 희망 노래가
하늘 닮아서 더 아름다운 새
블루 제이(Blue Jay)

하루를 모두 바친 수고는 1cm가 모자라서
무법자에게 마침표로 빼앗기고
서러움은 잘박거려 어둠으로 내린다

새끼에게 눈이 멀어
두려움 이기고 강탈한 둥지에서
다섯 마리 로빈 Robin 가족
벌레도 잡아 오고 지렁이도 물어오고
새끼들 날갯짓 따라 모두 떠난 빈 둥지는
바람만 휑한 그냥 흙덩어리
치우는 손길조차 스산하다

위령 성월

세월 속에 키워놓은 가시는
외로움도 키워놓았네요
두려움의 무게가 깊어 갈수록
참회하는 시간들은 뜨거운 눈물입니다

가을 냄새 품고 깊숙하게 숨고 싶다
내가 뱉은 말에 내가 상처받은 날은
새로운 영감을 얻은 듯
잃어버린 물건을 되찾은 듯
현실과 미래가 공존합니다

한 발자국 앞선 이들을
마음에 담아보는 오늘은
내일의 나를 위한 준비입니다

이 겨울이 좋아, 그런데

뒤 숲이 옷을 벗고
물구나무서듯 긴장감과 맞서는
텅 빈 실체는 담담하다
봄빛 갈빛 애지중지하던
화수분을 안으로 들여오니
살아보겠다는 단단함으로
서둘러 잎 내리고
좁쌀눈으로 다시 시작하는
신이 내린 생명이 숙연해진다

틈과 틈이 헐거워져서
따뜻한 차를 마시는 동안
배고픈 왜가리 허기 하나로
아롱다롱 비단잉어 치워버리면
미운털이 박히는 슬픈 계절

누구도 안 되는 굳게 닫은 문

지극정성으로 사랑 빚는다
연보라색은 세배를
티파니 블루로 덕담을
개나리 노랑에 행복 담아

쥣날에 주머니 차던 유년의
크림 같은 추억으로
아무것도 탐하지 않던
가득 담아서 챙기는 기도가
그럼에도 불구하고
이 겨울이 좋아, 그런데 슬퍼

프란치스코

세상의 모든 영화 발아래 내려놓고
떡갈잎 색깔 망토 자락 아래
추위도 외로움도
임 향한 길 사랑의 길 위에
생명의 종소리 울린다

삶의 질곡 속에서 신음하는 이들
마음 깊이 연민으로 새겨져서
한결같이 옹이진 곳 찾아
마른 땅에서 목마르지 않는
맑은 샘물로 솟구친다

색채 없는 빛으로
길 위의 길 성화의 길
기수, 프란치스코의 날
은혜의 단비 되어 축복으로 쏟아진다

아버지의 순명은
거룩한 아버지의 이름으로
맑은 영혼 위에 영원한 믿음이 숨쉰다

옛 친구들

오랜만에 친구들을 만났다
즐거운 옛 기억이 순간적으로 올라와
기쁨의 물결이 출렁인다
아이들이 어렸을 때는
매주 토요일 한국학교에서 만났고
일요일은 브롱스 한인 성당에서 만났다
아이들이 자라서 우리들의 시간이 여유로울 때는
아프리카 선교하시던 수녀님과 친분이 있던
아가다 자매님의 안내로 메리놀 수도원에서
마른 꽃으로 꽃바구니를 만들었다
마른 꽃은 여러 성당에서 은인들의 손길로
봄부터 가을까지 야생화를 잘라
서늘한 곳에서 말려 포장되어온 정성이었다
조심하며 아기 다루듯이
각자 다른 장식품을 완성해내면서 가슴 뿌듯하고
바자 행사에서 완판되었을 때의
환호와 기쁨이 넘치던 좋은 추억이 있다

긴 세월 각자의 공동체를 섬기는 시간을 갖게 하다가
여러 가지 교회의 사정으로
세 곳의 성당이 한곳으로 합쳐지게 되었다
그동안 아이들은 장년이 되어 있고
우리들은 짝을 잃기도 하고
노년의 헐거워진 삶으로 겉모습은 많이 변했어도
반가움은 끈적했다

웨체스터 북서쪽 아름다운 메리놀 수도원은
아시아 선교를 해서 인지 수도원 지붕을 기와로 올려
친근감을 주기도 하거니와
수녀원에 한국 수녀님이 계실 때도 있고
신학교에는 한국에서 공부하러 오시는
신부님이 계실 때도 있어서 자주 들락날락했다
지금은 신학교 문이 닫혔고
수녀원도 연로하시고 우리들의 열정도 낡았다
그래도 우리들의 젊은 날은 수도원과

아름다운 시간들을 공유했고
우리들은 함께여서 행복했다
이렇게 저렇게 세월이 정리되어
한 공동체의 일원으로 매주 미사에 참석하는 우리들은
서로의 안부를 꽃처럼 피우며
다시 한 성당의 친구로 살게 되었다

겨울 날개

본성을 회복시켜 주시듯 한 장의 화선지로
겨울을 건네는 날개로 온 세상을 덮으셨다
상서로운 기운은 "한나"의 지극한 정성으로
머리부터 숙이는 감동
마음으로 뜨겁게 끓어
굽은 등 시린 다리와
마디마디 삭는 뼈에 힘을 싣는다

사위어가는 삶조차 계산하는 무심한 루머에
단조로운 암울함으로 흔들리는 미련조차
펼쳐지는 옥양목 아래 묻어 놓는다

하염없이 바라보다가 초점마저 지우는 연민
흔들어 정화시키듯 하얀 날개 자락으로 살며시 덮는다

눈 위에 남긴다
꾹꾹 누르면서…

겨울 표정

하늘이 경계를 풀어버리고
학의 날갯짓 타고 와서는
고요히 잠든 세상 빗장 풀어
레이스 너울로 속세를 덮었다

배불뚝이 질항아리에
모자 씌우고 눈과 입을 그리니
고통과 사랑 품은 겨울 나그네
그 신사 닮았다

음률 따라 흥얼거리며
자글자글 졸아드는 곰국으로
가슴까지 따뜻해지고
돌아올 사람 기다리는 시간에
산행에서 보내온 사진 한 컷에
산뜻한 산 공기로 살아나
시큼한 다리의 연민도 잊은 채

겨울 산 오르는 꿈을 꾼다
눈 속에는 눈이 가득하다

언어 없는 겨울 산책

고단한 참새들의 쉼터
음습한 대나무 숲길의 새벽 산책길
속없는 집사가 된다
소한과 대한 사이 이상기온이라 소근거리는
고립된 팬데믹에도 짙은 안개는 땅끝까지 내려오고
언어가 없는 새벽 음악은
일상의 먼지를 털고 하루를 춤추게 한다
바람의 말이 모이는 외진 비밀 장소
길고 가는 샛강 품은 길
사그락거리는 속살의 울음으로
안부 없는 긴 겨울의 대숲은
한가득 초록이어서
눈물겹도록 달콤하다

계절의 막을 내리며

결사적으로 푸르른 날도
작정한 듯 아름다운 단풍도
칼칼한 바람 따라 미련 없이 벗어내린다
앙상한 뒤뜰의 허기져도 아름다운 풍경은
익숙한 그 속에서 아쉽다

눈부신 날들의 결실은 이른 봄 파종의 꿈으로
생각 없이 지은 죄마저 스스로 용서해주는
허탈과 허영을 낳는다

생각조차 쉬고 싶은 게으르고 싶은
내가 나이고 싶은
그대로의 시간에 잠긴다
계절의 막을 내리며

합창으로 드리는 기도

화려한 꽃들의 속삭임을 바람에 흔들어 깨우면
따뜻한 마음이 솟아올라 순간의 교감에도
지친 삶 위에 단비로 내리는 소망으로 적신다
들숨이 하늘을 품으면 날숨이 산천을 물들여
님 향한 간절한 사랑으로 손끝에 춤사위 실으니
신비로운 세상이 열린다

주저 없이 저무는 태양처럼 흘러가는 인생의 시간
미세한 음정 모여서 무쇠도 녹이는 기도가 된다

세세 대대에 찬송과 영광 받으소서(다니 3, 52)
아멘

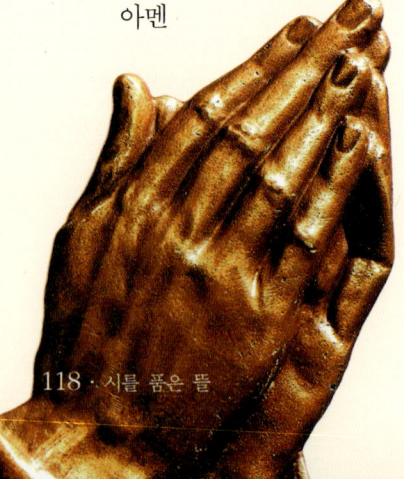

하얀 감옥

무한정 쏟아져 내리는 눈발 사이
뒤 숲은 물방울무늬 실루엣으로 앙상하고 왜소하다
마지막 열차 놓쳐버린 듯 급하게 허둥대는 새 떼 무리
허기진 울음소리조차 잡고 싶은지
광란의 바람 타고 흔들린다

길 막혀 일터 잠기니 애타는 하늘만 주시하다가
도토리를 잃어버려 초조한 놈들
꼬리만 길게 보이며 서둘러 도망치는 모습에
이야기가 보태지고

풀어진 마음들 모아주려고
맛깔나는 냄새와 얼큰한 국물로
식탁에 온기 올리니
입춘 걸어 놓은 오동나무와
우수 달고 오는 버드나무 위로
아침햇살 오르듯 하얀 감옥이 녹아내린다

순간에 피는 꽃

하늘이 레이스 옷 입는 것 보면서
자석에 끌리듯 크리스털 별꽃 무리
하얀 바구니에 담는다
소복한 숲길 사이사이 발소리 죽이면서
세계는 잔잔한 흰 꽃송이로
면경 호수 병풍 산수화에
백조의 군무는 환상의 나래로 그려진다

바람 소리조차 멈춘 고요 속에
가만가만 피어나는 눈꽃
빛나는 깃털 뿌려 놓은 듯
설레며 피어나는 얼음꽃
마른 가지마다 반짝이며 사라지는 순간을
필연으로 담아온다

12월에 서서

마지막 달
시간 끝 벼랑에 서면 무섭고 외로워서
새 날아간 차가운 공기에
하얀 손 흔들어준다
먼 길 길 끝에 서서 서둘지 않기를 바라는
창백한 미명이 가슴 헤집어
적막함으로 떠나는 길에
품어온 마른 씨앗 약속으로 흩뿌려 놓으면
맛깔스런 향기 바람의 길로 오겠지

시달리며 사는 길은 메마른 가지에 매달아 놓고
펠리컨 날갯짓 따라 들뜨는
멀리 있어 더 푸른 길
양 갈래 마주한 길로 전송한다

짧은 외출

하얀 감옥의 수인이 되어
무기력에 빠지는 일상 속의 짧은 외출은
빙판길 사고가 두려워서
보듬고 다독이는 연민이었다
예지된 예감처럼
텅 비어 더욱 깔끔한
우동 국물 스시 사시미 야채튀김으로
시각적인 위로를 받았다

창문밖에 매달린 차가움은
따뜻한 녹차에 데워서
조물조물 내리사랑을 가슴 가득 부어주셨다

투명한 고요 속 익숙한 골짜기
함께여도 늘 그리운
그곳에 마음을 뉘었다

눈 쏟아지는 날

폭설 속에 멈춰버린 통창 밖
고목의 숲은 한 폭의 수묵화가 된다
차갑게 흐르는 시간
숨죽인 개나리 울타리 눈길로 더듬어 눈에 담는다
거세진 눈바람 창문 흔들어 풍경은 사나워지는데
한 줌 마음은 외로워져서 스스로 침묵한다

삭정이 꺾어지는 소리에 갈비뼈 부러진 자리 아려오고
붉은꼬리여우 사냥길에 땅돼지가 걱정되는
푹푹 눈 쏟아지는 날

겨울 한철 요란한 제설 트랙터 소리에
도도한 은빛 청정 속으로 돌아왔다

겨울 미나리

돌산에서 물이 내려온다
뚜렷한 길이 없는데 오월의 소낙비가 지나가고 나면
이 집 저 집 경계도 없이 아무렇게나 스며든다
보는 것만으로도 난감해져서 길을 내기 시작했다
시간이 흐르면서 물길이 잡혀 돌담을 쌓고
대나무를 심어 흉한 것은 가리고 덮었다
끝자락에 물을 가두고 수위를 조절하여
연못을 만들었다.
몇 년씩 수고한 상으로 코이라고 부르는
비단잉어 삼백 마리를 연못에 넣어주어
크게 위로를 받았다
캘리포니아에서 뉴욕까지 비행기 타고 온 선물들은
아침저녁 먹이를 주면서
꽃처럼 화려한 모습이 좋아 친하게 지냈다
사 년쯤 키운 비단잉어들이
제법 연못을 가득 메울 무렵
난생처음 보는 왜가리가 여름부터 날아오기 시작하고

겨울이 오기 전에 다 먹어버렸다

흰 눈 쌓인 연못에는 미나리만 남아있다
새파랗게 가득하다

잊은 새 밥 주기

폭설에서 헤어나니 시간을 늘리고 싶다
뒤뜰 나무숲 속으로
아침 햇살 맑게 누워 하얗고 쨍하다
어제 굶긴 세상은 잊어버리고
커피 마시면서 여유를 부리는데
블루제이 한 마리에
약속 시간 늦은 듯이 허둥지둥 순해진다

빗자루 툭툭 살얼음 깨듯 쓱쓱 바람에 날리고
후하게 인심 부리니 허기진 용서가 바쁘다
발 도장 따라서 구석진 곳 돌아오니
식어버린 식탁 위에 음식
그냥, 배가 부르다

이름만 천사

생일은 10월 04일
아이디 : 1004
겨울 산장의 마침표

오래전 예쁜 천사라는 말에 결혼하고
아이들 자랄 때는 바쁜 천사였다가
정원을 가꾸면서 꽃 천사로 수십 년
앞뜰 뒤뜰 눈 덮인
산장 주인은 하얀 천사

뒤뜰 흰 골대*가 펄럭펄럭

* par3에 흰 골대가 꽂혀있다.

텃밭지기의 사계

나는 사슴들이 무리 지어 내려오는 곳에 살고 있어
사슴들이 먹지 않는 수선화와
모란과 작약을 많이 심었다
수천 송이 시든 수선화 꽃송이들을 따내고
작약 뿌리 나누기를 며칠 강행군했더니
조금만 움직여도 허리통증으로
타이레놀 두 알이 필요했다
덕분에 잘 자고 일어났는데
입안이 까칠거려 거울에 비쳐 보니
여기저기 붉게 붙어 터진 상처가 보여
오늘은 일을 쉬기로 했다
눈에 보이는 곳마다 손길이 필요해 보여
아예 밖을 안 보기로 작정하고
커튼 치고 자리에 누웠다
무료한 것 못 참고 책을 손에 드니 눈이 침침하다
돋보기를 바꿀 때가 된 모양이다

나는 한 번도 전원생활을 꿈꾼 적이 없다
남편 직장과 적당한 거리에 집을 장만하고 보니
잔디밭이 횅하게 넓어 보여
나무 심고 꽃을 가꾸면서
필요한 만큼 텃밭을 가지게 되었다
덕분에 봄부터 가을까지 부지런하게 살게 되니
세월이 갈수록 수목원을 닮아가고
아름다운 꽃과 나무들이 어우러지면서
계절 따라 변화하는 호사를 누리며 살게 되었다

부추 잘라서 나누고 나면 미나리 철이 오고
상주 쑥갓 나누면 구절초꽃이 온다
수북하게 낙엽 지고 쌀쌀한 계절이 오면
텃밭지기 농부는 휴기가 되어
모든 농기구들을
창고에 거두고 미련 없이 남쪽으로 날아간다

동남쪽 끝 작은 섬에 아주 작은 오두막집이 있다
뒤뜰까지 파도가 밀려오고
해벽 아래에 이름도 모르는 손바닥처럼 생긴
납작한 조개가 덕지덕지 붙어있고
모터보트가 매달려 있다
운하 건너편 집과는 백 피트 정도 떨어져 있는데
몇 년 전까지만 해도 수영하고 낚시도 했었는데
상어가 보이기 시작한 후부터는 수영은 금지되었다
이웃들은 거의 집을 잠시 빌린 여행객들이어서
정이 들지 않는, 그래서 언제나 어색한 곳이다
뉴욕 집에서 섬까지는 차로는 24시간이 소요되고
집에서 10분 거리의 공항에서는 직항이 없어서
워싱턴을 경유해 키 웨스트 공항에서 집까지 포함
모두 5시간 소요된다
간편한 차림에 핸드백 하나 들고 찾아가는 섬은
하늘과 바다가 맞닿아 있고
야자수 잎만 사각거리는 곳이다.

부지런한 남편은 새벽부터 바다에 가려고 들뜨지만
하늘이 허락해야만 나갈 수 있는 곳
바람 불면 꼼짝없이 발이 묶여 버리는 곳
섬 뒤쪽은 걸프만이어서
웬만한 바람이면 낚시를 한다
고기 종류가 붉은 도미, 학꽁치, 뱅어 등이어서
남편은 앞쪽 바다 대서양에서 많이 잡히는
참치잡이 낚시를 좋아한다
어부의 아내는 생선 한 마리에 하루가 행복하다
동부의 혹한이 지나고 수영을 못해서
바닷물에 발만 담구고 낚시하는 구경만 하다가
아름다운 뒤뜰 사슴이 새끼들 데리고 내려오는
계절이 오면 미련 없이 텃밭지기로 되돌아온다

작품해설
순종하는 삶과 그리움의 시학

김순진(문학평론가·고려대 미래교육원 교수)

작품해설

순종하는 삶과 그리움의 시학

김 순 진(문학평론가 · 고려대 미래교육원 교수)

1. 들어가는 말

 박선원 시인은 미국에서 살고 있는 분이다. 충북 보은군 보은읍 삼산리에서 태어나 1975년에 이민하였다고 하니 벌써 50년이 되었다. 그렇지만 박선원 시인은 전혀 미국에 사는 분 같이 여겨지지 않는다. 그냥 한국의 어느 지방에 살고 있는 분 같다. 우선 그의 언어가 한국에서 사는 분들의 말과 조금도 다를 바 없이 정겨운 토속적 언어들이다. 이민하신 지 50년이나 되었다고 하는데 어찌 그렇게 한국말을 잘 구사할 수 있을까? 박선원 시인은 문덕수 시인과 김규화 시인의 유언에 따라 지금은 폐간된 유수의 시전문지 월간 ≪시문학≫으로 2017년에 조금은 늦은 나이에 등단하셨다. 나 역시 문덕수 시인, 김규화 시인 등과 함께 시론 연구모임

인 한국시문학아카데미에 오랫동안 참여한 시문학파의 한 사람으로 박선원 시인이 우리 출판사에서 시집을 출판하게 돼 너무나 반갑다. 박선원 시인은 평생 시인을 꿈꾸셨고 오랫동안 시를 써오신 분으로 추측된다. 왜냐하면 시의 완성도가 깊고 시어의 사용이 세련될 뿐만 아니라, 영혼이 사슴 눈처럼 맑아 읽는 이로 하여금, 공감과 감동을 선사하기 때문이다. 게다가 박선원 시인은 미국의 한인사회나 한인교회에서 적극적이고 지도적인 역할을 하고 계실 것으로 추측된다. 이 시집을 전체적으로 읽어볼 때 그의 손에는 늘 나눔과 부지런한 봉사의 손길이 들려있음을 엿볼 수 있다.

이 시집의 제목인 『시를 품은 뜰』은 박선원 시인의 집 뜰 이야기다. 그는 그 뜰에다 여러 가지 나무와 여러 가지 꽃을 심고 여러 가지 채소들을 심어 먹는다. 그는 한국에서의 생활과 전혀 다르지 않은 생활을 하고 계신다. 그의 뜰에는 쑥부쟁이, 신선초, 참나물, 구절초, 페튜니아, 아이리스, 스페니쉬 벨, 수국, 풍접초, 나팔꽃, 사랑초, 꽃무릇, 수선화, 모란, 작약, 두메부추, 돌미나리, 돌나물, 취나물, 곤드레나물, 거미취, 원추리, 블랙베리, 레드베리, 화살나무, 두릅나무, 매화,

장미, 창포, 탱자나무, 밤나무, 대나무, 개나리 등의 꽃과 나무가 자라고 있다. 그리고 봄이 되면 아욱, 상추, 쑥갓, 고추, 대파, 쪽파, 서리태, 오이, 호박 등을 심어 이웃들과 나누어 먹는다. 그녀의 뜰에는 종달새, 참새, 까치, 왜가리, 로빈, 카디날, 블루 제이, 토끼, 사슴, 붉은꼬리여우 등의 새와 짐승이 찾아오고 그녀의 정원 연못에는 비단잉어가 자라고 있다. 말만 이민이지 이 정도면 서울 사람들의 꿈인 전원생활을 하며 살고 계신다. 그래서 그는 이번에 펴내는 제2시집의 제목을 『시를 품은 뜰』이라 명명하시는 것이다. 그의 말씀처럼 박선원 시인의 뜰은 시를 품고 있다. 그의 뜰은 자연을 품고, 계절을 품고, 향수를 품으며, 나눔을 품고, 말씀대로 사는 삶의 순종을 품고 있다.

그럼 이쯤에서 박선원 시인의 시 몇 수를 읽어보면서 그의 마음세계를 여행해보자.

2. 그리움이 쌓인 정원

고국 뜰 골짜기에 묻혀 살다가
사뿐한 비행길로 몰래 숨겨와

봄기운 가득한 텃밭에서 은밀하게 눈 맞추고
긴 시간 인내로 제자리 잡았다
소낙비 소리에 몸집 불리고
시원한 바람 따라 여물어
벌 나비 부르는 꽃송이들
색다른 고명으로 상큼한 요염중
감칠맛 나는 살가운 향꽃

꿈으로 그리는 고국산천이
꽃길로 금 그으며 왈칵 쏟아져
시간 따라 앞서며 뒤처지며
내년 그 이후에도 길게 누워
연보라 고운 천 바람에 흩날리는
꽃물결이 마냥 설렌다

두메부추 떠나온 고향은
칠곡군 가산면 학하리
눈 많고 척박한 뉴욕 골짜기에
숨어서 피어난다

- 「두메부추」 전문

두메부추는 말의 뜻에서 의미하듯 두메산골에 나는

약초다. 두메라는 말은 도시에서 멀리 떨어진 산골을 의미하는 말인데, 이는 두메부추가 고산지대에 자생하는 식물임을 알려준다. 둥그런 공 모양의 보랏빛 꽃을 피우는 두메부추는 소화에 도움이 되는 식물로 부추나 파, 양파처럼 피를 맑게 해주어 심장이나 혈관 건강에 도움을 준다. 옛날에 첫 부추는 사위를 안 준다는 말이 있을 정도로 남성 건강에 도움을 주기도 하는 두메부추는 부종, 즉 부기(浮氣)를 빼는데 효력이 있는 것으로 알려져 있다. 이 두메부추는 박선원 시인이 그의 여동생이 살고 있는 경북 칠곡군 가산면 학하리에서 가져다 심으신 것이다. 고국 방문을 자주 할 수 없는 이민자들에게는 고향의 무엇이라도 가져다 심고 싶을 것 같다. 그래서 시인은 "꿈으로 그리는 고국산천이 / 꽃길로 금 그으며 왈칵 쏟아져 / 시간 따라 앞서며 뒤처지며 / 내년 그 이후에도 길게 누워"라고 말한다. 두메부추는 여러해살이풀이다. 한 번 심어놓고 관리만 잘해주면 매년 피어나는 두메부추는 박선원 시인 가족과 이웃의 건강을 챙기고 향수도 달랠 수 있으니 일석이조의 풀인 것 같다. 인터넷의 두메부추꽃을 가만히 들여다보고 있자니 정말 신비롭다. 아름다운 보랏빛과 작은 꽃송이들이 모여 둥근 공 모양을 이루는 것을 볼 때 하느님께서 어찌 저리 예쁘게 지으실 수 있는지 감탄이 절로 나온다.

> 돌산에서 물이 내려온다
> 뚜렷한 길이 없는데 오월의 소낙비가 지나가고 나면
> 이 집 저 집 경계도 없이 아무렇게나 스며든다
> 보는 것만으로도 난감해져서 길을 내기 시작했다
> 시간이 흐르면서 물길이 잡혀 돌담을 쌓고
> 대나무를 심어 흉한 것은 가리고 덮었다
> 끝자락에 물을 가두고 수위를 조절하여
> 연못을 만들었다.
> 몇 년씩 수고한 상으로 코이라고 부르는
> 비단잉어 삼백 마리를 연못에 넣어주어
> 크게 위로를 받았다
> 캘리포니아에서 뉴욕까지 비행기 타고 온 선물들은
> 아침저녁 먹이를 주면서
> 꽃처럼 화려한 모습이 좋아 친하게 지냈다
> 사 년쯤 키운 비단잉어들이
> 제법 연못을 가득 메울 무렵
> 난생처음 보는 왜가리가 여름부터 날아오기 시작하고
> 겨울이 오기 전에 다 먹어버렸다

흰 눈 쌓인 연못에는 미나리만 남아있다
새파랗게 가득하다

- 「겨울 미나리」 전문

 미나리는 우리나라 사람들이 가장 많이 먹는 채소 중에 하나다. 한국 사람들은 요리할 때면 우선 파가 들어가야 한다. 그리고 다진 마늘을 한 스푼 넣는다. 그 다음에 세 번째로 많이 넣는 채소가 미나리일 것 같다. 미나리는 홍어회를 무쳐도, 매운탕을 끓여도 없어서는 안 될 식재료다. 물김치나 배추김치를 담글 때면 꼭 넣어야 하는 재료이며, 특히 돌미나리는 생으로 된장을 찍어 먹어도 향이 상큼하여 입맛을 돋워준다. 소화를 돕고 혈압 상승을 억제하며, 면역력 강화에도 좋은 식품이다. 특히 숙취나 약물 남용으로 인한 해독 작용에 특별한 효능이 있는 것으로 알려져 있다. 미나리 하면 생각나는 것이 척박한 환경을 딛고 일어서는 의지의 표상으로 민들레, 질경이 등과 함께 이민자를 대변하는 식물이기도 하다. 그래서일까? 지난 2021년 아카데미 시상식에서 우리 한국 영화 '미나리'에서 열

연한 윤여정 배우가 여우조연상을 받기도 했다. 아마도 박선원 시인과 같이 교포들이라면 윤여정 배우의 여우조연상 수상 소식은 마치 내 일처럼 기뻐했을 것 같다. 한국에서 이민살이를 시작한 가족을 따라 친정엄마인 윤여정이 미나리 씨앗을 가져와 심으며 미나리가 척박한 땅에서 뿌리를 내리는 것처럼, 어렵고 힘든 이민살이를 감내하면서 미국 사회에 뿌리를 내리는 과정을 아름답고 슬프게 그려낸 영화 '미나리'는 미국 사회에 신선한 충격을 주었다. 박선원 시인도 처음에는 미나리처럼 뿌리 내리기 위해 수많은 고통을 감내했어야 했으리라. 그러나 지금은 비록 백로와 비단잉어들이 다 먹은 미나리지만, 그 미나리가 자라는 정원의 주인이 되어 있다. 50년 동안의 이민살이에 대한 열정과 노력에 박수를 보내드린다.

3. 그리움이 쌓인 음식

> 봄 새벽안개 자욱한 길
> 비장함으로 거친 파도 가르고
> 땅끝까지 내려 팔랑거리는 나비춤 미끼에

등에 뱃가죽 붙이고도 가득가득 알을 품고
치열한 절망감으로 펄떡펄떡 올라온다

토막토막 간에 절여 새 주둥이 노랑 조밥에
보리 싹 엿기름으로 뼛속까지 삭힌 후에
무채에 고추 물 입혀 시원하게 재웠다

붉은 석양빛에 반지르르 윤기 걸치고
바다를 품고 돌아온 놈들
그 고운 빛 가슴에 품어 흰 소반에 담으니
지새워 달인 보약 냄새 봄꽃처럼 피워낸다

- 「가자미식해」 전문

 언젠가 한 여류 시인이 '가재미식해'를 만들었다며 보내왔다. 그때까지 나는 '가자미식해'란 음식이 있다는 것은 알고 있었지만 먹어보지 못한 음식이었다. 이후 나는 가끔 인터넷 마트에서 가자미식해를 주문해 먹곤 한다. 식해는 식혜와는 전혀 다른 음식이다. 식해는 물고기를 잡았을 때 오래 보관하기 위해 생선을 소금에 절여 말린 후 무와 마늘, 고춧가루와 조밥 등을 섞어 항아리나 단지에 넣어 발효시킨 간식이자 안줏거리다.

식해에는 가자미식해, 명태식해, 북어식해 등이 있는데 이는 북한 지역 사람들이 즐겨 먹던 음식으로 6.25동란 때 피란을 내려온 사람들이 전국적으로 이름을 알린 음식이다. 그에 반해 식혜는 음료수로서 보릿길금과 함께 밥을 끓여 달작지근하게 만든 음료수로 식혜에도 여러 가지 식혜가 있었으니 밥으로 만든 식혜와 더불어 호박식혜, 고구마식혜, 도라지식혜 등이 있는데 한과나 부침개 등 간식으로 함께 마시면 목멤도 방지하고 고유의 단맛이 소화를 도와주어 건강에도 유익하다. 개발하면 참외식혜나 오이식혜, 수박식혜 등도 만들 수 있을 것 같다. 박선원 시인의 고향은 경북 칠곡인데 바닷가가 가까워서 다양한 해산물의 발효음식을 만들어 먹었을 것 같다. 바닷가에 사는 사람들은 예로부터 제사상에도 다양한 해산물들을 바다에 올리거나 식해나 젓갈 등 다양한 발효음식을 만들어 먹으며 살아왔다. 박선원 시인이 한국을 떠나기 전에 한국에서 가자미식해를 잡숴보셨는지는 잘 모른다. 그러나 한국의 것이라면 돌멩이 한 개 모래 한 알도 그리운 것이 이민살이라 가자미식해 같은 시간이 걸리고 음식솜씨를 요구하는 음식을 만들어 먹는다고 하니 감탄사가 절로 나온다. 가자미는 원래 눈이 서로 다른 쪽을 바라보고 있어서, 옆으로 흘겨보거나 이상하게 쳐다볼 때 우리는 '왜 가자미눈을 뜨고 보느냐?'고 비유하기도 한다. 인터넷으로 가자미식해를 주문해서 막걸리 한 잔 하고 싶다.

> 가을 고추장
> 검은 띠로 묶어둔 안타까운 시간들
> 겨울을 그냥 맞으면 안 될 것 같아서
> 가을 고추장 담근다
> 수고와 계절의 붉은 결실을 하얀 물수건에 닦으면서
> 도란도란 펼쳐놓은 대소사 풍경은
> 재미지고 고소하다
>
> 큰 가방 속 든든하게 밀어 넣고
> "봄볕에 제빛으로 익혀 먹거라"하시던 말
> 허공에 둥둥 떠다니다가
> 쑥부쟁이 흐드러지게 피고
> 가을빛 쨍쨍한 하루 잡아서
> 엿기름에 찹쌀 삭혀 메주 고추 비벼서
> 찰랑하게 독에 담으니
> 비밀작전 수행한 듯 따뜻한 세상이다
> 「가을 고추장」 전문

원로 시인인 김동호 시인은 존경하는 게 우리와 다르다. 그는 누룩곰팡이를 존경하며, 지렁이를 존경하고, 꿀벌을 존경한다. 누룩곰팡이가 메주를 발효시켜 고추장 된장으로 우리 민족을 이만큼 먹여 살렸고, 지렁이가 그 많은 흙을 한 번 삼켰다 토해내 기름진 옥토로 만들어주었기 때문에 우리가 채소며 푸성귀들을 먹고 살 수 있었으며, 꿀벌이 꽃의 수분을 빨아들여서 자기의 타액과 섞어서 토해놓는 것이 꿀이니, 그 수고가 얼마나 감사하느냐는 뜻이다. 그렇게 생각하자면 살면서 감사하지 않을 대상이 없다. 지게는 그 무거운 나뭇짐을 지고 다녔고, 부지깽이는 그 뜨거운 아궁이를 드나들며 우리의 먹거리를 덥히고 군불을 넣어주었다. 빨랫줄은 우수에 빠진 우리들의 껍데기를 말려주며 하늘하늘 춤추었고, 마루 밑에 댓돌은 자라나는 우리를 위해 끊임없이 등을 내주었다. 그렇다면 고추장은 얼마나 감사한 음식인가? 반찬 없이도 물 말은 찬밥에 풋고추 몇 개면 아버지를 다시 거든하게 일으켜 논밭으로 나갈 수 있게 힘을 주었고, 허기지고 출출한 날이면 민물고기 몇 마리 잡아 끓이는 매운탕에 들어가 오뉴월 모내는 날 무논에 가라앉던 진흙 앙금처럼 몽글몽글 피어나며, 우리의 정신을 벌겋게 업그레이드 시키며 어깨를 추슬러준 음식이 아니던가. 우리네 어머니들은 봄가을로 고추장과 된장을 담그셨다. 그것은 아마도 1년 동안 장을 담가 먹기에는 고춧가루나 보리, 쌀이 모자랐거나, 할아버지 할머니에 엄마 아버지, 오륙 남매의 10여 명이 넘던 대식구로 살던 그때 먹성으로는 아무리 고추장 된장을 많이 담가도 금방 동이 났기 때문이리라. 가을 고추장은 특별히 금방 따서 볕에 내다 말린 태양초 고추로 담그기 때문에 붉은색이 정말 선명하다. 우리나라 축구 응원단이 붉은 악마라 불리고, 빨간 옷을 좋아하는 이유는 아마도 오래도록 고추장을 먹으며 살아왔던 이유가 아닐까 싶다. 딸이었다가 어머니가 된 박선원 시인은 어머니가 이민 간 딸에게 "큰 가방 속 든든하게 밀어 넣고 '봄볕에 제빛으로 익혀 먹거라' 하시던 말"씀이 가슴에 사무칠 것이다. 그런 시인은 지금은 이국만리 타향에서 어머니의 삶을 이어가며 직접 고추장을 담그신다. 가족을 위해 잘 마른 붉은 고추를 하나하나 마른 수건을 닦는 박선원 시인의 손길이 하느님께서 우리의 머리를 쓰다듬고 매만지시는 사랑의 손길처럼 그윽하다

4. 그리움이 쌓인 사람

    어머니 보내드리고 휘청거리던 날
    허공을 휘젓던 손이 모퉁이조차 잡지 못해서
    왼쪽 가슴뼈의 상처로 상전이 된 육신의 자매
    무료함 달래 주려고 벨벳 상자 열었다

    보랏빛 스타루비 맑은 약속
    금강석 단단한 축복으로
    에메랄드의 찬란함이 영원인 줄 알았지
    진주 위의 진주를 덮으면서
    담백석 청옥의 푸른 토파즈의 물결로 가득하다

    빈틈없이 메워진 추억
    어머니의 사랑으로 빚은 칠보 황금 쌍가락지
    약지에 끼우고 보석 상자 덮으니
    가슴에 바람이 분다
                   - 「어머니의 보석상자」 전문

  이 세상을 크게 둘로 나눈다면 하나는 세상이고 나머지 하나는 어머니다. 어머니란 존재는 크고 위대한 우주와 같아서 아무리 말해도 부족함이 있다. 나는 15

세에 엄마가 돌아가셨다. 장남이었는데 밑으로는 동생들이 셋이나 있었다. 그 동생들과 살아나온 눈물겨운 엄마에 대한 그리움은 내 문학작품 속에 밭이 되고 씨앗이 되며 결실이 되었다. 내 문학의 초기시절인 40대 이전의 문학에는 엄마에 대한 그리움이 주제였고 소재였으며 주된 스토리였다. 날품팔이하러 인삼밭을 전전하시다 간경화로 42세의 꽃다운 나이에 돌아가신 엄마는 나를 문학가로 밀어 올렸다. 나는 한 신문과의 인터뷰 기사에서 엄마의 고마움을 알리기 위해 문인이 되었다고 말한 바 있다. 지금도 나는 어머니에 대한 시비를 우리 시골집 마당 가에 세우기 위해 계획하고 있다. 오래도록 함께 한 어머니나 일찍 돌아가신 어머니나 그 공은 같다. 오래 사셔서 슬픔이 덜해지는 것은 절대 아니다. 어머니가 돌아가신다는 것은 자식에게 있어 대낮 같은 세상에 살다가 칠흑의 어둠을 헤매는 것과 같다. 그래서 박선원 시인은 "어머니 보내드리고 휘청거리던 날 / 허공을 휘젓던 손이 모퉁이조차 잡지 못해서" 몸을 가누지 못하고 처절한 가슴으로 울었을 것이다. 그래도 박선원 시인에겐 어머니의 유품인 '보석상자'도 있고 '칠보 황금 쌍가락지'며 반짇고리며 골무, 의복이며 비녀가 남아있을 것이다. 새엄마가 여럿 드난했던 우리 집에서 나는 엄마의 흔적이라곤 찾아볼 수 없어서 드럼통 쌀통 속에 있던 바가지 하나를 찾아와 유일한 엄마의 유물로 보관하고 있다. 박선원 시인은 "어머니의 사랑으로 빚은 칠보 황금 쌍가락지 / 약지에 끼우고 보석 상자 덮으니 / 가슴에 바람이 분다"고 말한다. 그 바람은 정말 봄바람처럼 훈훈할 것 같다. 그 바람은 자애의 바람이요, 교훈의 바람이며, 응원의 바람일 것 같다. 딸을 먼 먼 이국땅으로 이민을 보내고 얼마나 그리웠을까? 젊은 사람들은 이성에 대한 그리움으로 절절하지만, 자식에 대한 그리움, 부모에 대한 그리움, 고향에 대한 그리움은 먹어가는 나이만큼 깊어지는 것이라서, 울고 짜며 표현을 안 할 뿐 눈을 감을 때까지 점점 더 그립고 애달픈 것이다. 그런 그리움을 안고 사는 박선원 시인과 동병상련의 마음을 느낀다.

> 새벽을 담으려고 서두르는 길
> 넓은 주차장 소음이 발길 잡는다
> 긴 호흡으로 후끈한 공기 고르며
> 무리 지은 새 떼 속에 이리저리 흩어지는 빵 조각

편안하고 넉넉하다

허기진 시장기 뒤에 두고 환생한 조상 섬기듯
동서남북 정성으로 제 올리듯 극진하다
간밤 소나기 흔적 위에서 재잘재잘 경쾌함은
풀 먹여 다듬은 모시처럼
깨끗한 아침의 산뜻한 경지로

사라진 일출 대신
정겨운 풍경 한 조각 주었다

-「새 밥 주는 남자」 전문

박선원 시인의 부군께서 '시를 품은 뜰'로 날아드는 새들에게 밥을 주고 있다. 우리는 배우자를 만나 결혼하고 일생을 살아간다. 배우자(配偶者)의 아내 배(配)자는 술 배(配)자와 같이 쓰인다. 술에 취하면 몽롱하고 기분이 좋다. 이성이란 그런 것이다. 몽롱하고 기분이 좋은 관계가 서로 찾는 이성의 관계다. 그런데 우리는 결혼식과 동시에 몽롱하고 기분이 좋은 관계를 저버리고 현실로 돌아온다. 그러나 배우자는 늘 나와 다른 신선, 선녀, 천사의 세계에 있는 사람이라 보면,

삶이 더욱 행복해진다. 그리고 우(偶) 자는 짝을 뜻하기도 하고 인형(人形)을 뜻하기도 한다. 어린아이들은 애착 인형을 손에 꼭 쥐고 다닌다. 만일 집에 놓고 나왔거나, 어느 곳에서 안 가져왔다면 다시 돌아가야 한다. 그 아이에겐 그렇게 소중한 물건이다. 말하자면 인형처럼 늘 소중히 다루고 애착으로 돌봐야 하는 게 배우자란 말이다. 그런 배우자와 백년해로 중인 박선원 시인 부부에게 응원의 박수를 보내드린다. 두 번째로 생각해보아야 할 것이 새다. 예로부터 새는 우리들의 영혼과 결부되어 있다. 우리는 죽으면 새가 된다는 속설에 매어 산다. 그래서 새를 함부로 잡거나 죽이지 않는다. 새가 날아와 지저귀면 행복해지는 것도 그 때문이다. 박선원 시인의 부군은 자주 새 모이를 주면서 "허기진 시장기 뒤에 두고 환생한 조상 섬기듯 / 동서남북 정성으로 제 올리듯 극진하다"고 한다. 이 시에서 박선원 시인도 새를 조상으로 보고 극진히 섬기고 있다. 새는 자기의 죽음을 우리에게 보여주지 않는다. 그 많은 새들이 하늘을 날고 있지만, 우리는 새의 죽음을 거의 본 적이 없다. 그만큼 새는 신성한 동물이다. 사람들은 새처럼 날아가는 꿈을 꾸었고, 그래서 비행기를 만들었다. 리처드 바크라는 소설가는 『갈매기의 꿈』이란 소설에서 "높이 나는 새가 멀리 본다고 했다." 나는 새에 관한 노래를 아주 좋아해서 노래방에 가면 "도요새의 비밀, 고니, 타조" 등의 노래를 먼저 부른 후 다른 노래를 부른다. 새에게 밥을 주는 일은 신성한 일이다. 겨울이면 눈에 덮여 새들이 굶어 죽곤 한다는 말을 들었다. 그래서 어릴 적에 학교에서 새 모이를 주러 산에 간 적도 있고, 새에게 모이를 주거나 새집을 만들어 나무에 달아주는 봉사단체를 만난 적도 있다. 새에게 모이를 주는 자상한 남자라면 박선원 시인이 남은 일생을 걸어도 될 것 같다.

5. 그리움이 쌓인 하느님

"한 처음에 하늘과 땅"으로 시작되는 구전 이야기
수도 없이 또 만났다

전염병, 두려운 삶 속에
보라색 희망으로 마음 문을 여니
쏟아지는 맑은 빛으로
두껍게 새겨진 상처들 허물 벗듯 내려진다

이쪽 문 닫히면 저쪽 문 열린다는 가벼운 말에도
부푼 가슴으로 무지개 뜨고
못생긴 물고기 눈동자에
피와 살이 녹아내린 사연 박혀있어도

열 가지 다 마음에 들던 날
말씀이 사람이 되신 그 임이
오늘의 선물로 오셨다

* 46권 : 구약, 27권 : 신약.

- 「사육 이칠」* 전문

  인간에게 율법은 필요하다. 지금은 수많은 법률이 정해져 있지만, 지금으로부터 2024년 이전을 기원전이라는데, 이는 예수님이 이 땅에 오시기 전(AD)에는 문자가 없어 특별히 정해진 법이 없이 관습대로만 살아왔기 때문에 도리에 어긋나는 일이 횡행했을 것으로 추정된다. 그러다가 2024년 전 예수님께서 성모 마리아로부터 마구간에서 태어나(BC) 우리를 구원하러 오셔서 십자가에 못 박혀 죽으신 이후 우리는 그분의 사랑에 따라 세상을 다스려지기 시작하였는데, 그것이 '사랑'

이다. 성경을 의미하는 '테스타멘툼 도미니(Testamentum Domini)'는 초대 교회의 문헌으로 성직의 등위, 교회의 건축, 세례, 애찬, 성찬식문 등에 관한 내용을 기록한 것인데, 이것은 훗날 구약성경의 토대가 된다. 하느님의 계시와 하느님과의 계약을 통한 하느님 체험은 이스라엘 백성들에게 있어 주로 기억을 통해 전승되다가 나중이 문자로 기록되었는데, 이 기록들은 사가들에 의해 점진적으로 집대성된다. 그것이 구약 46권인데 그 책들은 시대적 배경에 따라 다양한 형태로 저술되었다. 구약성경은 AD 1,000년 경의 다윗시대부터 이스라엘의 전 과정을 통하여 기록되어온 것으로 이것이 정전(正典)으로 인정되기까지는 수많은 세월이 걸렸으며, 신약성경도 정전으로 확정되기까지 300년의 시간이 필요했다.(자료출처 sunny river 블로그, 구약성경 입문). 신약은 크게 세 가지로 나누어져 기술되어 있다. 그 첫 번째가 복음서인데 마태, 마가, 누가, 요한복음이 그것이다. 이는 예수님의 생애와 가르침을 기록한 책들로 기독교 신앙을 이해하는 데 큰 도움을 준다. 두 번째로는 사도행전인데, 이는 예수님이 십자가에 못 박혀 죽으시고 하늘에 오르신 이후, 초대교회의

형성과 발전과정, 사도들이 어떻게 복음을 전파했는지에 대한 과정이 쓰여져 있다. 세 번째로는 사도 바울의 서신으로 로마서, 고린도전서, 갈라디아, 예배소서서 등이다. 바울의 서신은 신약성경의 상당 부분을 차지하며, 기독교에 대한 깊은 통찰력을 제공함으로써 이간이 살아가는 도리와 우리의 죄를 사하시기 위하여 십자가에 못 박혀 죽으신 하느님의 사랑에 대한 감사하는 마음을 깨닫게 한다. 지금 우리 문명이 이만큼 발전된 것은 예수님의 사랑 덕분이며 세상이 오병이어(五餠二魚), 즉 소년으로부터 받은 빵 다섯 개와 물고기 두 마리로 5년 군중을 먹여 살리는 기적이 일어난 것이니 "믿습니다. 주여!"란 말이 절로 나온다.

>겹겹이 쌓여가는 노인의 검버섯을 지우려
>북향 큰 창 아래 누웠다
>스산한 기계음과 살 태우는 내음보다
>세월을 지운다는 집념이 하얀 모란꽃을 그린다
>
>철없이 지은 죄일까
>교만의 표징일까
>욕심의 속앓이일까

칭얼대는 아이 달래듯 나직한 목소리에
지난 시간이 조곤조곤

섬기는 개척교회
전도 길에 만난 성형외과
새로운 도전이 된 은혜와
죽어가는 나무를 주워
새순을 올리고 자랑하는
선하고 고운 마음에 기대어

허물 벗은 자리에
새살을 예지한다

* 예수 부활

- 「아나스타씨스」* 전문

박선원 시인은 무엇을 생각해도 하느님께 대한 감사와 의지로 사시는 독실한 가톨릭 신자다. 오늘 하루 잘 살았으니 감사, 먹을 것이 있음에 감사, 가족이 있음에 감사 누울 곳이 있으니 감사, 두 다리가 멀쩡하니 감사, 정원과 텃밭이 있으니, 움직여 일할 수 있으니 감사, 친구를 만나니 감사, 성당에 가 미사드릴 수 있으니 감사, 감사가 아닌 것이 없다. 감사하는 마음은 실천해야 한다. 이웃과 나누고 하느님께 감사해야 한다. 나라마다 해마다 추수감사절의 날짜는 다르다. 우리나라도 고려나 부여, 동맹 같은 곳에서 영고나 무천 같은 추수감사절 행사를 해왔고, 지금도 종교단체에서는 추수감사절을 정해 감사의 예를 갖추고 있다. 아마도 박선원 시인은 검버섯을 지우려고 병원에 갔었나 보다. 최근에 아내는 검버섯을 지운다며 병원에 다녀왔는데 검은 기운이 더해졌다. 그래서 나는 고전에서 유래된 '박씨부인'이라 놀리는데, 날이 지나니 요즘은 피부가 좋아졌다. 박선원 시인은 검버섯을 빼고 며칠은 정말 박씨부인이 되셨을 것 같다. 나도 몇 년 전에 점을 뺀다며 사무실 건너편의 정형외과에 간 적이 있다. 점을 뺄 당시에는 얼굴이 조금 깨끗해진 것처럼 느껴졌는데, 세월이 지나니 도로 그 자리에 점이 나와서 한 듯 안 한 듯 똑같아 보인다. 이젠 웬만하면 그냥 살고 싶은데 어찌 마음이 바뀔는지는 모를 일이다. 이 시에서 박선원 시인은 세 가지 의미를 관찰해내고 있다. 하나는 스스로의 검버섯에 관한 이야기다. 나이가 들면 저절로 검버섯이 나오고, 검버섯이 나와야 오래 살 수 있다는 속설도 있다. 또 하나는 죽어가는 나무를 살리는 일이다. 요즘 묘목 기술이 얼마나 발전했는지 말라비틀어진 나무도 살린다고 한다. 박선원 시인은 이 시에서 검버섯을 빼 새살이 나오는 일과 죽어가는 나무에 새잎이 나는 일을 하느님의 부활에 비유한다. 모두 부활 맞다. 부활이란 말은 죽었던 것이 살아난다는 말로 피부의 부활과 나무의 부활을 통해 시인은 하느님의 부활에 대한 의미를 부여하고 있는 것이다. 부활절은 예수님께서 못 박히신 지 3일째 되는 날로 일요일에 부활하신 것을 기념하는 서구권 최고의 명절이다 휴일이다. 피부가 부활하고 나무가 부활하는 마당에 부활절을 상기시켜본다.

6. 마무리 말

이상에서처럼 나는 박선원 시인의 시 8수를 '그리움이 쌓인 정원, 그리움이 쌓인 음식, 그리움이 쌓인 사람, 그리움이 쌓인 하느님' 등의 테마별로 읽어보면서 그녀의 그리움을 관찰해보았다.

박선원 시인은 '시를 품은 뜨락'을 통해 주어진 자연 환경을 감사히 여기며, 하느님 말씀에 순종하는 삶을 살고 있었다. 작은 텃밭과 뜰에 심어진 나무와 꽃들, 그 뜰을 찾아오는 동물들을 통해 생명의 소중함을 깨닫고, 가족이 삶의 원천임을 확인하고 있었다. 이웃을 소중히 여기어 나눔과 봉사를 통해 하느님의 사랑을 전파하는 고귀한 삶을 살고 있었다. 이에 나는 박선원 시인의 시를 '순종하는 삶과 그리움의 시학'이라 평한다.

　이처럼 귀한 두 번째 시집의 상재를 진심으로 축하드린다.

박선원 시집

시를 품은 뜰

초판발행일 2024년 7월 10일

지은이 : 박선원
펴낸곳 : 도서출판 문학공원
발행인 : 김순진
편집장 : 전하라
디자인 : 김초롱
등록 : 2004년 3월 9일 제6-706호
주소 : (우편번호 03382)서울 은평구 통일로 633
       녹번오피스텔 501동 302호 스토리문학사
전화 : 02-2234-1666
팩스 : 02-2236-1666
홈페이지 : https://blog.naver.com/ksj5562
이메일 : 4615562@hanmail.net

※ 잘못된 책은 교환해 드립니다.
※ 책값은 뒤표지에 있습니다.